不要再存钱啦！

快生活·巧理财

通胀年代的傻瓜理财术

[日] 山口哲生 著　　宋上　王璇 译
Tetsuo Yamaguchi

上海动画大王文化传媒有限公司
Shanghai Donghuadawang Culture Media Co.,Ltd.
上海人民美術出版社

前言

“狼来了”使少年成为预言者

很久以前，有一个放羊的少年。少年对放羊的朋友说：“最近狼群会出现！”少年的这个说法虽然没有确切的根据，但也不是凭空捏造。因为附近确实一直有狼群出没，再加上最近可以听到比平时更近的狼嚎声。

少年没有对大人们说出这件事，因为听说过以前有放羊少年由于说了“狼来了”的谎言，而失去大人信任的事。不想被叫做骗子的少年，就把狼的话题当做朋友之间闲谈的话题说了出来。

但是，就在少年说出这些话的几天后，狼真的来了。没有准备的大人们想补救却为时已晚，很多羊都被吃掉了。少年的朋友把少年有关“狼来了”的预言告诉了他们的父母。于是，一个传言在村里迅速传开了：

“村里有一个能预言狼来了的少年。”

“他是怎么做到的呢？”

少年虽然对这种议论不知所措，但又不能说：“那只是个玩笑。”少年生活的村子，几乎每户人家都是以放羊为生。村里的人都很想听听少年的话。

无法拒绝的少年只好在大家的面前说出了实话。他把在比以往更近的地方听到狼嚎声的事情诚实地说了出来。少年做好了被训斥的准备，但是令他吃惊的是，大人们非常认真地听他说，并且提出了“狼嚎声离得有多远，以后可以好好调查一下”的意见。少年成为了预言者。

少年感到不可思议。从以往的经验来说，听到更近的狼嚎声，并不是什么特别的事情。虽说这次碰巧狼真的来了，但他认为通过调查狼嚎声来预测狼是否会来，还是太简单了。虽然回顾过去，当下发生的事情和过去的事情之间，好像可以用一条线连接起来。但是，如果回到过去的时间节点来观察未来，就会有很多条线，不能通过一条线来判断事情的发展方向。

少年明白了：大人们并不是想为将来做准备。只是想让发生的事情和过去的事件之间合乎逻辑而已。为了说明狼来了这件事，总需要一些理由。虽然这次碰巧狼来了，但是如果狼没有来，少年可能会被称为骗子，被载入《伊索寓言》。

少年决定放弃放羊，成为了一位评论家。作为预言者，地位稳固的少年说的话，谁都很乐意听。更重要的是，评论家不用负责任，只要能够针对发生的事情作出合理的评论，大家都能够认同。对将来的事情进行预测，结果却就会被称为骗子；但是针对已有结果的事情进行有趣的解说，人们就会很佩服地说"原来如此"。少年为找到了好的职业而高兴。

"狼来了"使少年成为预言家，这个故事有趣吗？

如果替换一下词语，"狼＝金融危机"、"少年＝专家"、"村里的人们＝大众媒体和一般民众"，我想说的意思应该可以传达到了。（当然，现实中的专家并不像少年那么幼稚，会有很多人把金融危机的爆发当做机遇，从自身出发，积极发表言论。）

之前，由于金融危机的爆发，进行投资的人们面临价格的大幅度下跌。之后，在银行中投资基金、养老基金这些存在价格波动的产品的人，很多都蒙受了巨大损失。

有关金融危机爆发的原因，很多专家都进行了解说。但是，这样的解说对我们思考今后怎么办又有什么用呢？他们能够告诉过去失败的人们以后应该怎么办吗？能够告诉我们要重新进行投资应该怎么做吗？

从现在看未来，有很多可能性。但是，从现在回顾过去的话，令人不可思议的是，现在与过去连成了一条线。社会上涌现的解说，大部分都是马后炮的结论。

那么，我们着手理财时真正重要的事情到底是什么呢？并不是马后炮的解说，也不是到底能不能预测金融危机。谁也不可能准确地预测未来的事情。问题不在于预测得准不准，而在于能不能做出有效应对金融危机、帮助自己达成期望值的准备。

在放羊少年的村子里，人们都集中关心有关狼的预测准不准。但是，对于以放羊为生的人们，最重要的并不是预测得准不准。好好地喂羊，确保收入才是最重要的。

但是，如果为了保护羊而花费大量的金钱就不合算了。花费适当的钱能够产生适当的效果是很必要的。有时尝试一些不同的奇思妙想也不错。例如，等狼来的时候抓住它，通过让它杂耍表演来赚钱之类的。

想要有好的想法，什么是必须的呢？那就是“不受常识的束缚”。本书针对以下几点常识提出质疑，并在此基础上提出了与众不同的投资方法：

- **投资的目的是金钱的增加**
- **投资中，股票和基金等金融产品很有效**
- **过去业绩好的产品，以后也有好的成果**
- **投资应该基于预测**

在本书中，出现了不受金融危机影响，仍然冷静地继续投资的人。面对金融危机，有了应对的方法。为了不具有特定性，本书对内容稍作了修改，但全部都是基于事实。书中叙述的绝对不是特别的人物，而是在你身边的人们。本书讲述了普通的人们如何克服眼前的金融危机，了解了这个过程，你就能认识到一直以来你认为是常识的事情是不一定正确的。

人们一直都在强调投资的好处。但是，这只是看到了阳光照亮的部分，真正重要的事情，会像阴影一样隐藏起来。只关注阳光照亮的地方，就会看不到背阴处。在资产投资中，股票和汇率的波动吸引了很多关注，但那都只不过是阳光照亮的部分。阴影在哪里呢？它就隐藏在你的心中，而认真地关注与投资相关的阴影部分，准备好应对的方法，就是本书的主题。

阳光与阴影

不要只关注阳光照亮的地方，也许真正重要的东西藏在阴影里。

在开始本书的阅读前，首先，我想问你一个问题：你是不是想通过投资快速地赚大钱呢？如果是这样的话，那么请不要阅读这本书。非常遗憾，我不能回应你的期待。如果你是想一步一步地慢慢实现自己期望的人生的话，就请继续阅读下一页吧。虽然不会立竿见影，但本书对你一定有所助益。

既然下定了决心，那么就向着梦想出发吧。

目 录

PART 1 不能有效进行投资的真正原因 1

Chapter 1 投资最大的敌人

1-1 等股票价格再低一些……2
1-2 “美味”的诱惑……6
1-3 行动无法与感情分离……12

Chapter 2 长期分散投资真的有效果吗?

2-1 验证分散投资的效果……20
2-2 勇于迎接挑战的人才会有回报……26
2-3 克服长期分散投资的所有难题……29
山口小讲堂:为什么无法效仿专家?……33

Chapter 3 年收益5%的“一般奖励”

3-1 “一般奖励”是谁都可以得到的……34
山口小讲堂:“奖励”的总额是有限的……41
3-2 和感情友好地相处……42
3-3 “即兴投资法”的特征……47

PART 2 学习“即兴投资法” 51

Chapter 4 熟练运用四种资产板块

4-1 三步精通“即兴投资法”……52
4-2 理解四种资产板块……54
4-3 用指数基金来确保“一般奖励”……61

Chapter 5 使用投资组合创作“故事”
5-1 “故事”由三部分构成……66
5-2 通过再平衡控制风险……71
5-3 投资组合的一生……76

Chapter 6 时刻准备着应对无法预料的事态
6-1 等候着你的突发事件……80
6-2 为贬值时购买做好“心理准备”……84
6-3 购买时机和购买金额……88
6-4 “即兴投资法”的效果……93

PART 3 “即兴投资法”的实践 99

Chapter 7 最适合“即兴投资法”的投资安排
7-1 最合适的金融产品通常不为人知……100
山口小讲堂：为什么要加入人寿保险？……111
人寿保险的基础知识……113
7-2 投资联结保险的使用方法……114
7-3 投资联结保险的特征和优点……123
山口小讲堂：投资联结保险诉讼……128

Chapter 8 “即兴投资法”案例分析
8-1 “用人寿保险来进攻”的构想……129
8-2 案例分析……132

Chapter 9 那么，让我们享受冒险吧！
9-1 投资联结保险以外的方法……143
9-2 选择适合自己的老师……146
9-3 合上书，接下来要做什么呢？……150

术语解析……153
结束语 体味随心所欲……**157**

PART 1

不能有效进行投资的真正原因

Chapter 1

投资最大的敌人

1-1 等股票价格再低一些

◆ 面对金融危机也非常冷静的竹岛先生

“叮铃铃……叮铃铃……”

事务所的电话响了。

“山口先生，你好！”

电话那端传来了洪亮的关西口音。

竹岛先生是40岁的公司职员，现在和妻子以及两个女儿一起生活。他在读了我的两本书《即使在公司工作，也能创造出足够的养老金》和《如果这都不行，那就放弃基金投资吧》后，以400万日元（约32万元人民币*）为启动资金，从2007年12月开始尝试投资。当时，虽然次贷问题已经产生了影响，但谁也没有想到会引发金融危机。从那开始的9个月后，股票价格开始暴跌，2008年9月12日美国大型证券公司雷曼兄弟破产。短短一个半月的时间内，世界范围内的股票价格都大幅度下跌。

竹岛先生开始投资还不到一年，就遭遇了股票价格大幅度下跌的危机，可以想象这是非常严峻的状况。

那么实际的状况怎样呢？竹岛先生打来电话的时候，正是在雷曼兄弟破产的影响下，股票价格持续下跌的2008年10月。

竹岛：“完全不担心金融危机。股票价格的下跌很有趣。想让股票价格再低一些呢。”

* 为方便读者理解，本书暂取100日元＝8元（人民币）的兑换比率。

山口："哎呦哎呦，很激进的言论啊。不要那么着急啊！"

竹岛："正如山口先生建议的那样，对于价格下跌事先做好准备的话，就没有担心的必要了啊。对我来说，价格下跌反倒是很好的机会。"

山口："以后的路还很长，请不要着急，一步一步地慢慢行动。"

全世界的股票价格都暴跌的话，无法冷静下来是理所当然的，但是竹岛先生却保持着冷静的心态，甚至还为了机会的到来而感到高兴。竹岛先生虽然是一个热心学习的人，但是几乎没有投资的经验。平时，由于工作忙碌，能够用在投资上的时间很有限。为什么面对金融危机他能够如此冷静地应对呢?

◆ 竹岛先生能够冷静的原因

在开始投资的时候，我对竹岛先生说了这样的话。

"如果持续进行投资的话，必然会遇到股价下跌的情况。所以股价下跌的时候应该做什么，最好现在就决定吧。"

那个时候，并没有预想到之后的暴跌。2007 年的夏天，新闻里开始报道次贷问题，股票市场开始了持续的波动，但是并没有出现大规模的价格下跌。老实说，完全没有想到会发展成如此严重的事态。将来会怎么样，我也不清楚。即使是这样，我还是就价格下跌时的具体行动，给竹岛先生提出了建议。

不仅仅是投资，任何一个新的事物，在刚开始后就遇到挫折的话，之后就很难保持坚持下去的决心。但是我认为，不管发生什么，"为了将来而进行投资"，竹岛先生这种积极的心态是非常重要的。

从我的角度来说，不只是对竹岛先生，对于其他人，在刚刚开始投资的时候，为了能够应对价格下跌与上涨，我都会给出建议。我还没有自信到认为自己可以预见将来的地步。身为理财规划师（FP）※1，我能够做的

※1 见第 153 页"术语解析"。

就是准备好应对各种情况的选项，让客户的希望得以实现。

如果竹岛先生没有对价格下跌做准备，结果将会怎么样呢？那就只能眼睁睁地看着自己所持有的资产一下子贬值。即使想要出售贬值的资产，但是由于一旦卖出也就意味着确定了损失，所以一直不能作出决定。最后还是什么也没做，就这样遭受了损失。

当然，竹岛先生也并没有对价格下跌不闻不问。价格下跌并不都是坏事。虽然已持有的股票价格下跌不是让人开心的事情，但是接下来要购买的金融产品价格下降，却是受欢迎的事。就像大减价时我们就能够更便宜地买到想要的商品。

竹岛先生现在做的就如同在大减价时购物。在金融危机这种"大减价"中，选准时机购入价格大幅下跌的股票，就是切实实行投资的成功法则"低价时买入"。日本的股票，与竹岛先生开始投资的2007年12月相比，几乎可以以近半价买入。虽然将来的事情还不明朗，但现在（2009年6月）确实是适合买东西的吧。竹岛先生所说的"想要价格再低些"就是这个意思。

◆ 想便宜地购买很困难

由于实施"低价购买"，竹岛先生将股票价格的下跌转换成了机遇。而且几乎没有费工夫。买股票办手续的时间一次也就只有大概5分钟。这么简单的方法，好像谁都可以用。

图1-1显示的是以雷曼兄弟破产前的2008年9月12日的市价总额作为100点，东证股价指数（TOPIX）※2的波动情况。看着这幅图，你也可以尝试一下购买股票。

一个月不到的时间，股价下跌了30%（9月12日是100点的话，10月10日为71.4点）。已经是十分便宜的价格，你也开始考虑是时候购入股票了。但是假期过后的10月14日，股价却又大幅度上升了（10月14

※2 见第153页"术语解析"。

图1-1 什么时候买入好呢?

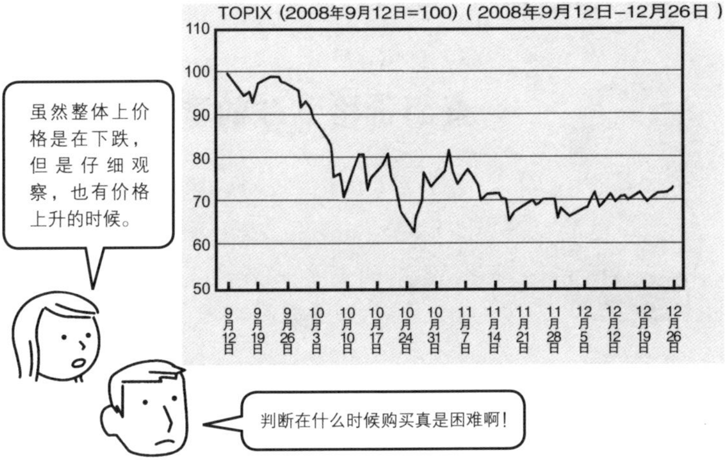

日为 81.2，一天上升了大约 14%)。你肯定想："糟糕，要是昨天买了就好了"，但这是马后炮了。于是只能决定先观察一段时间。

之后，价格反复地上上下下，10 月 27 日跌到了 63.4。一周时间下跌了 37%。你松了一口气想："幸好那时没有买。"冷静地想一想，这次才是购买的时机。但是，你并没有行动，因为害怕股价继续下跌，无法忍受购买后价格马上下跌的情况。

在你观察行情期间，已经出现了下跌平息的苗头，但是这次你还是没能购买。因为即使一时价格升了，第二天价格又下跌了，不知道到底什么时候买入好。结果在持续的观察中，以便宜的价格进行购买的时机就这样错失了。

"低价购买，高价出售"，投资的成功法则很简单。但是如此简单的事情却很难做到。即使只尝试其中之一的"低价购买"这种行动，就明白要实现有多困难了。为了能够便宜地买到，在股价下跌时必须要购买。这样就必须面对"可能会损失"的心情。你有战胜这种心情，在价格下跌时购买股票的勇气吗?

1-2“美味”的诱惑

◆ 直面价格下跌的富田女士

竹岛先生利用价格下跌，将金融危机转化为了机遇。但是，这并不常见。在金融危机的影响下，很多人都必须面临资产贬值的情况。家庭主妇富田女士（39岁）就是其中一位。让我们来听一听富田女士的故事吧。

“我和丈夫以及三个孩子一起生活。从很早以前我就认识到了投资的必要性。考虑到将来，我也觉得仅靠退休金是不够的。这时，也就是2007年6月的时候，正巧定期存款到期了。如果继续存定期，利息很低，资产很难增值。所以我听取了银行理财专家的建议，购买了基金※3。”

“我买入的是通过国外的不动产投资基金。我对于收益很高，每个月都能获得基金分红※4这点很满意。另外，我母亲之前购买过同样的金融产品，也是我作出选择的重要原因。购买初期，每个月都能获得分红，我开始认为定期存款真是太傻了。”

“但是好景不长。基金的价格暴跌至顶峰时的四分之一。我陷入混乱，感觉不是真的。从来没有想过自己买的产品会下跌。我不能理解为什么会这样，只是继续期待着年终分红能再追加。”

“之后，终于认识到了事态的严重性。我开始积极地参加证券交易所、银行以及证券公司的讲座，通过图书和互联网搜集情报。于是，我发现了山口老师的著作，鼓起勇气与山口老师取得了联系。投资遭受巨大损失这件事给我上了一课，我不想白费这个经验，我想将它活用到今后的投资中去。”

※3、※4 见第153页“术语解析”。

听了富田女士的话，你怎么想？认为这是特别的人说的话吗？应该不是这样吧。富田女士并不是想要发大财。而是为了将来做准备，想要一步一步地增加资产，才开始投资，却遭到了重大的损失。富田女士遇到的情况，是每个人都有可能遇到的。

为什么富田女士被卷入了金融危机的漩涡了呢？富田女士一系列行动中，暗含了一般人被卷入投资世界的原因。很多人都经历过与富田女士一样的过程，被拉进投资的世界，体会到了价格下跌带来的痛苦。

"美味"的诱惑

投资的世界里有很多"美味"的诱惑。很多人一旦被这些"美味"吸引踏出一步后，才注意到这是可怕的陷阱。到底是什么样的"美味"在等待着我们呢？

"美味"之一：过去的业绩

富田女士购买基金的一个很大理由是某只基金过去的业绩。她认为，如果是持续上涨的产品，接下来也应该会上涨。金融机构的窗口，对过去业绩好的基金进行了大量的介绍。如果看到类似图 1–2 的图表，难免会不理性了。10 年都有很好的业绩的金融产品，自然感觉可以期待今后的 10 年也会有同样好的业绩。富田女士在不知不觉中，自己给图中增添了业绩虚线。

图1–2 过去和未来是连接着的吗？

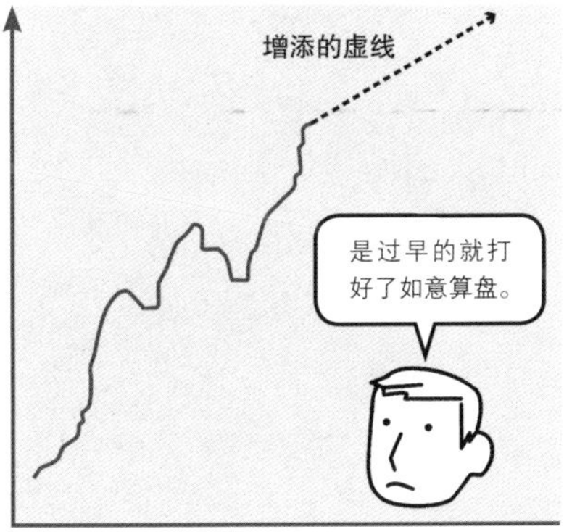

"美味"之二：马上可以得利的印象

富田女士每月可以从购买的不动产中获得收益。她在每次记账的时候，都能够感受到投资的真实感。如果投资开始后没有马上起效果，就很难有真实感。能够马上获得分红的确很鼓舞人心。

日本最大的基金"全球发达国家政府债券基金"，将每月的分红作为卖点，销售火爆。1万份这种基金，每月可获得约30万日元（约2.4万元人民币）的分红（2009年6月）。2009年6月1日这一时间点，1万份基金分配6423日元（约514元人民币）。如果把分红比作利息，那么利息约为5.6%［30万日元（约2.4万元人民币）÷6423日元（约514元人民币）×12×100=5.6］。这样看来，确实会觉得定期存款很傻了。

"美味"之三：安全的印象

金融机构都会强调投资的安全性，有一个例子就是"平衡型基金"，不只是投资股票，而是组合地运用股票、债券[※5]以及不动产，淡化了股票"可怕"的形象。资产的组合由专家选择，"平衡"的名字也给人以安全感，所以这类基金很受欢迎。

也有其他强调安全的商品，例如"保障型养老基金[※6]"。即使市场低迷时也能够保障退休金的本金以及应收金额。也就是说，运用得好的话资产可以增加，运用得不好资产也不会减少。

"过去的业绩"、"马上可以得利的印象"、"安全的印象"，每一个名称都散发出似乎很"美味"的香味。听到诸如"这个基金的运行业绩很好"、"马上就可以获得分红"、"可以让各种资产平衡地运用"等等的说明，就会觉得能够接受了。

※5、※6见第153页"术语解析"。

潜伏在“美味”中的陷阱

花朵通过香味来引诱虫子是为了什么呢？那是为了授粉。花打着自己的小算盘，投资的世界也一样。投资的世界通过“美味”来引诱我们，但是这种“美味”中潜伏着陷阱。

陷阱之一：过去的业绩不能够保证将来

如果购买 10 年间都有着良好业绩的产品，自然是期望今后的 10 年也能有同样好的业绩吧。我们试着追溯到 10 年前就能明白。10 年前发售的类似的商品有 100 种，如果无论选择哪种产品，都可以得到相同的运行业绩的话，那随便买哪个产品都没问题。

当然并不是这样。从长远看，能够拥有良好业绩的（以平均业绩以上作为标准），仅仅是 100 种中的 10–20 个。金融机构让我们看到的，只不过是这些表现良好的产品。映入我们眼帘的仅是长期以来少数的成功案例。100 个中有 10–20 个的话，成功率就是 10%–20%。按常识，也就是说今后 10 年间的成功率也就是 10%–20%。

虽然金融机构提供的信息都是事实，但是如果没有考虑到未提供的信息的话，就无法发现真正的事实。金融机构的负责人将不好的产品的信息隐藏起来，不让我们看到。正是因为这样，我们只能看到业绩好的产品。即使金融机构负责人很认真地工作，但还是会不知不觉地控制信息。过去的业绩并不能完全保证将来的收益，真实被隐藏在了看不见的地方。

依赖过去的业绩作为评价标准还会出现其他的问题。投资的基本原则就是“低价买、高价卖”，所以像竹岛先生这样在价格低的时候买入产品是明智的选择；而购买运行业绩好的产品其实就是买价格上涨的产品，违背了投资的基本原则。如果参考过去的业绩，就会变成在高价时买入产品了。中国股票在备受赞扬之后，应该想到会有大幅度的下跌吧。金融机构推荐的产品，很可能只有一时的上涨。

陷阱之二：分红掩盖了真正的业绩

关于分红，很多人存在着误区，那就是“分红 = 利息”。其实，分红并不是利息。

没有通过削减本金来支付利息的情况，但是会有削减本金来分红的情况。富田女士购买的不动产基金，不管运行资产是否大幅减少，还是在分红。而投资者只知道获得分红的情况，而不知道投资的真实情况。如果只关注分红，就会看不清运行的业绩，这就是问题所在。

本金减少了，但仍然分红，也就是说从银行账户中把钱取出来，增加了钱包里的钱，然后说这是所有钱的总额增加了。我们的关注点容易集中到金钱上，但是对于实际运行业绩的关注才是最重要的。

陷阱之三：安全并不是免费的

像平衡型基金那样不集中在一种资产，而是分散到各种资产上进行投资的做法，我也是赞成的；但是“平衡”并不等同于“安全”。即使分散到各种各样的资产上，还是无法完全避免价格的下跌。股票的价格波动很剧烈，债券也会有价格的下跌。“平衡”这种说法给人一种安全的感觉，是为了使人们忽略价格下跌的可能性。

“保障型养老基金”就是宣传“运行好的时候资产增加，运行不好时也有保障”的功能。如果这种功能能够轻易拥有的话，我也想购买呢，但是甜言蜜语背后总有隐情。好的时候算我们盈利，坏的时候就由金融机构负担，这种事情是不可能的。

业绩低迷时期的保障基金，当然会由我们自己承担。能够让自己安心的结果就是要支付高额的保障金。偶尔运气好的时候，钱也可能增加，但是由于包括保障金在内的手续费的负担很重（保障型每年3%左右），有好结果的可能性很低。不要忘记由于金融危机、资产暴跌而被套在这种“养老基金”中的人有很多。

安全并不是免费就能到手，没有代价也得不到利益。太好听的话肯定是欺骗。听到“安全”这样的词语时，要养成思考“这种安全怎样才能得到”的习惯。

心态对合理的行动造成阻碍

现在，我们了解了“美味”中隐藏的陷阱。但是不指出的话人们很难发现。这是为什么呢？因为“美味”能够击中我们内心的“要害”。

我们有“从过去发生的事预测未来”的倾向。看到过去的运行业绩，很自然地会想未来会不会也这样。

此外，我们有“比起遥远未来的事情，更关注眼前利益”的倾向。与其考虑着将来的事情慢慢地努力，还不如现在就享受。所以比起运行业绩，眼前的分红更让我们心动。

还有，我们有“讨厌不确定性”的倾向。被告知“手术100%成功”时的感觉和被告知“99%成功”的感觉完全不同。我们对于“100%确保”几乎没有抵抗力。

冷静地想想，购买价格持续上升的产品简直就是傻瓜。既然是为了将来进行投资，根本没有必要受到分红这种蝇头小利的诱惑。“安全地增加资产”这种事情更是和欺诈完全一样。

即使这样，“过去的业绩”、“马上可以得利的印象”和“安全的印象”还是在引诱着我们进入危险的投资世界。人的心态具有接受这些“美味”诱惑的倾向，所以即使明白，还是无法避免。

富田女士购买基金的理由，这样就很明白了。看到了过去良好的业绩、强调了马上可以获得分红这个好处，就产生了“要不要试着买一下”的心情。

如果你碰到同样的情况，能说出“我不会买”吗？你购买的可能性同样很高。在进行投资时，心态总是来捣蛋，使得“低价买高价卖”这种简单的行动都无法达成。股票便宜的时候正是绝好的时机，但是因为心态没有调整好，往往错失了购买的时机。正是因为心态的原因，我们没有办法合理地行动。

1–3 行动无法与感情分离

◆ 持续投资的过程中伴随着感情的影响

从富田女士的例子中我们了解到，开始投资的时候，我们总是不自觉地受到感情的影响。那么开始投资以后，又会怎么样呢？在持续投资的过程中，感情又是怎样影响我们的呢？

股票投资想要成功，每个人都会考虑一件事。那就是“比他人更早行动”。如果能在股价真正上涨前买入，股价下跌前卖出，就能够确保收益。即使不能像竹岛先生那样，在价格下跌时购买股票，至少在价格刚刚开始上涨时购买似乎并不困难。

低价购买股票好像是一个好方法，但是实际上并不可行。这是因为采取与他人不同的行动事实上非常困难。人类本身就具有趋同的倾向，为了确认这种说法，我们来试着考虑一下接下来的这个问题。

问题 1

你正在参加问答节目，参加者连你在内一共100人。正确答案为A或者B，选择站在你认为正确的答案指示牌后。你非常确定A就是正确答案，站在了A的后面，但是剩下的99个人都站在了B的后面。你会继续站在A的后面呢？还是改为站在B的后面呢？

这时，就会有人改变自己的想法，选择站在B的后面，采取与他人不同的行动是需要勇气的。比他人更早地行动，也就是说要与他人采取不一

样的行动，购买有可能下跌的股票，或是卖出有可能上涨的股票。没有足够的自信，是很难做到这一点的。即使对自己的想法非常自信，要做与他人不同的事还是很困难。

要比他人更早地行动还面临着一个问题，那就是“人类都有想要避开损失的想法”。比起收获时的喜悦，损失带来的痛苦似乎给人更大的冲击。正如图 1–3（出自利玛窦·默特里尼（Matteo Motterlini）所著的《怪诞经济学》）所示，横轴表示收益与损失，纵轴表示心理价值。损失 200 美元时的痛苦，要比收益 200 美元时的喜悦在感情敏感程度上多一倍。

图1–3 人会深刻地体会到损失的痛苦

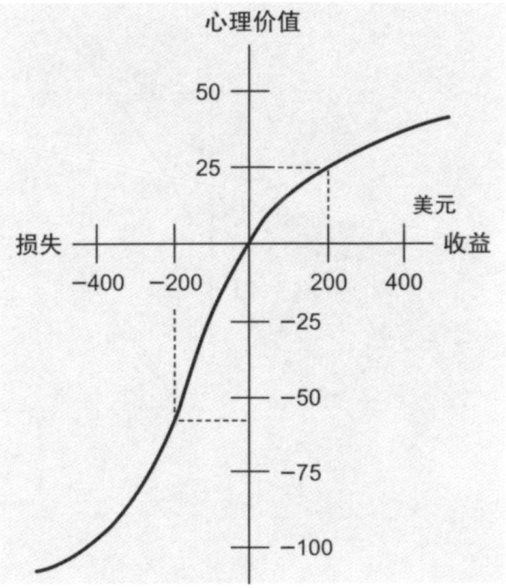

因为人们想要避开损失的心情很强烈，所以出现收益时会尽早卖出资产，以使得收益尽早确定。相反在出现损失时，则是一直持有资产，最后使得损失进一步扩大。一直持有，是因为不想确定损失。正是由于这样，损失由小变大，最终无法获得收益。

因所买股票上涨而获益确实很开心，之后便想要寻求购买不同的第二只股票。这个方法能顺利吗？恐怕不能延续成功，肯定会在什么时候面临巨大的损失，因此决不能小看感情带来的影响。

股价刚开始上涨时买入，过一段时间卖出确认收益，然后股价下跌时购买，等股价上升时再卖出。这种想法也太浅显了吧？一次、两次可能行得通，但不可能一直成功。（图 1–4）

即使持续投资时，还是无法避开感情的影响。要是因为过去的良好运行业绩，周围的人都这样开始投资的话，面对市场的多变，几乎毫无例外都会遭到损失。

图1–4 要是能做到这样就太厉害了！（虽然并不可能）

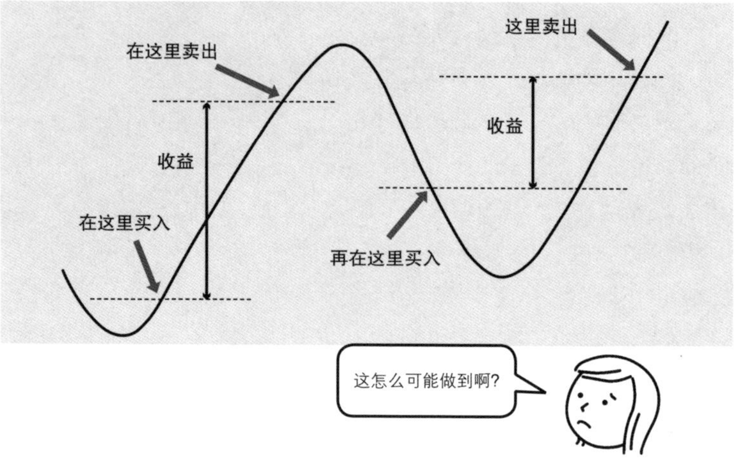

如果损失了的话……

那么，面临损失的时候，人们应该采取怎样的行动呢？像富田女士这样为重新出发做准备的人是少数。更多的人因为忍受不了价格的下跌而抛售（或称解约）股票、基金，或者选择就这样继续被套牢。这些行动中都体现着感情带来的影响。

选择抛售的人只留下了损失带来的重创；而选择继续持有的人们，也只是因为不想确认损失，就这样继续持有着[※7]。因为一旦解约，就等于否定了自己之前所做的，所以一直无法下定决心。（图1−5）

图1−5 继续持有只是逃避而已

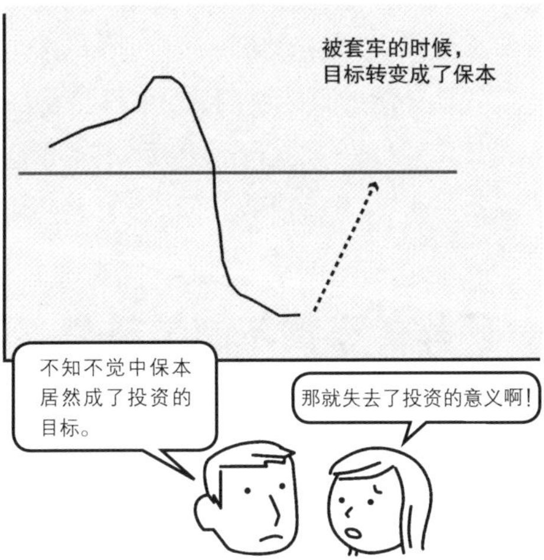

人类有“避免后悔”的倾向。即使没有价格上涨的依据，也会一直期待价格回到之前的水平，就这样一直期待着。（参考：保障型养老基金，如果中途解约就不能得到保障，所以大多数情况下，和被套牢是相同的状态。）

预测也受感情的影响

到这里为止，我们所提到的情况，都是不明不白开始投资，其间受到感情的影响，遭受损失后变得手足无措。

※7 见第 154 页“术语解析”。

那么，在预测的基础上开始投资又会怎样呢？认真地学习基本知识后，在预测的基础上开始投资的话，似乎能够成功。比起不明不白开始投资，这种途径成功率更高。但是这并没有本质上的变化。你相信自己的预测采取的行动，也就是说还是要采取与他人不同的行动。就像在“问题 1”中看到的那样，你必须能够忍受孤独，还必须要冷静地判断买卖的时机。抑制回避损失的想法，尽早地从损失中抽身，并且要对已经获益的股票长期持有。

虽不是完全不可能，但也并不是预测就一定准确。预测失误的时候也有可能面临巨大的损失。对于投资时间有限的人们来说，这样负担太重了。如果你希望这样的话，谁也没有理由阻止你，但这并不适合每一个人。

我们总是觉得“为了投资成功，预测是必要的”。但是，不管预测的精度有多高，都还是不能够避开感情的影响。能够从感情中脱离出来的预测是不存在的，我们想要投资成功，就必须直面我们自身的感情。

◆ 同样的事情不断地重复

图1–6 股价的变动和普通人会采取的行动

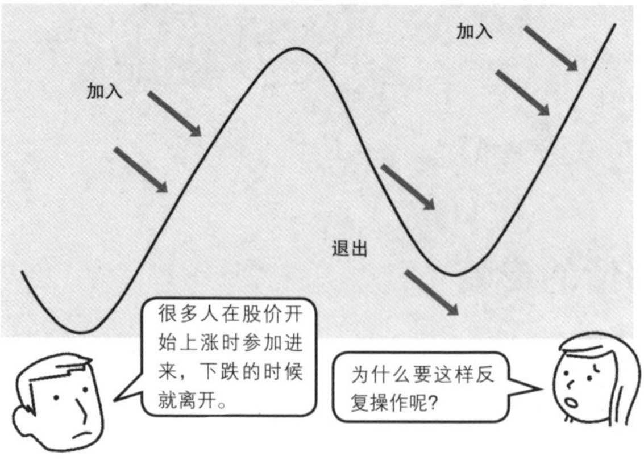

股票市场和感情有着深刻的关联。股价上涨时，基于过去的业绩而开始投资的人就会增多，股价会进一步上升；而业绩变好时，购买的人进一步增加，价格又进一步上升。

这样不断循环，就产生了泡沫。

泡沫是不会永远持续的，就像“皇帝的新衣”的故事一样，有谁冷静下来的话，泡沫就破灭了。因为泡沫是建立在“价格的上涨是因为价格在上涨”这样的理论上的。一旦泡沫破灭，就会带来股价的暴跌，以及运行业绩的恶化。那么，由于过去的业绩而开始投资的人就会产生恐慌，就这样以损失结束了投资。他们抱着“受够了股票投资”的想法，再也不会回到投资市场了。

图1-7 30年间股价经历了三次暴跌

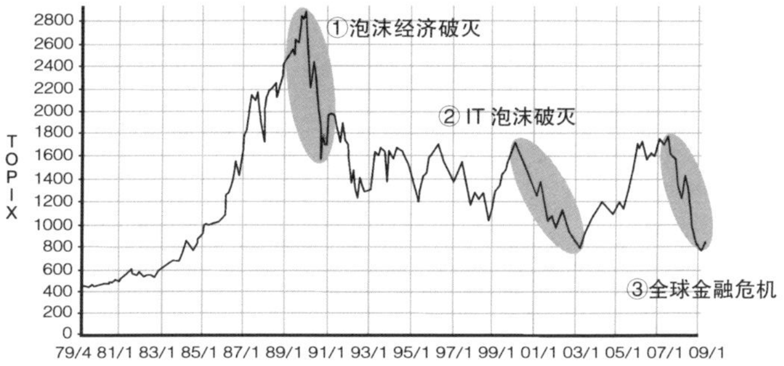

暴跌之后，积极地购买股票的人逐渐消失。即使这样，随着时间流逝，购买低价股票的人还是会出现。然后随着价格慢慢上升，又有很多人加入到了股票市场，但这次的购买者和上次的购买者是不同的人。换了成员，同样的事情又一次开始了。（图 1–6）

通过这个例子来确认一下吧。图 1–7 显示的是从 1979 年到 2009 年这 30 年间日本股票（TOPIX）的波动情况。这 30 年间，日本股票经历了三次大幅度下跌。最初是泡沫经济破灭后的 1990 年下跌 40%；第二次是 IT 泡沫破灭后，从 2000 年到 2002 年连续三年下跌约 20%；第三次就是这次金融危机。

三次暴跌都是由于之前股价的大跌，几乎所有人都遭受到了损失。这个时候，没有遭受到巨大损失的人们又继续积极地进行股票投资，而损失的人退场，新的成员加入，然后没有接受教训的人继续重复同样的事情。

为什么总是重复同样的事情呢？那是因为没有吸取失败的教训。虽然人类会从失败中学习，但是投资的时候，损失的人们都是静静地离开，不告诉任何人损失的事情。然后就演变成了世间流传的全是投资市场形势大好这样的状况，例如，“工薪阶层创造 3 亿日元（约 2000 万元人民币）的方法”。这样的话就失去了从失败中学习的机会，不知道真相的人，轻信了好话，就这样被卷入了投资市场。

这种重复一直在持续。即使想结束这种重复，由于人类感情的反复，也很难做到。但是，如果没有谁来做些什么的话，这种状况就无法改变。投资不是为了产生受害者，而是为了让我们的生活更富裕。虽然这种重复无法结束，但可以应对。参考本书，请努力掌握应对的方法吧。

坚守与放弃

想要捞宝箱，需要有观望的耐心和坚持的勇气。可这时如果被鳄鱼咬住了一条腿呢？是奋力挣扎，指望它会松口？还是忍痛挥刀，保命要紧？当股市暴跌的时候，是怀抱希望、坚守阵地？还是果断放弃、及早抽身？

Chapter 2

长期分散投资真的有效果吗?

2–1 验证分散投资的效果

◆ 减少感情因素的影响

投资和感情有着剪不断的关系。为了投资的成功必须要采取合理的行动，但是感情却总不能认同合理的行动。即使是基于合理依据上的预测，在实施的时候还是会受到感情的影响。那我们想要投资成功，到底应该怎么做呢?

也有人觉得“既然这么麻烦，那么干脆不去投资了”。虽说这也是一种方法，但岂不是很无趣? 这就如同“因为不想有痛苦的感受，所以不去减肥了”。在放弃之前，何不寻找一下我们可以采取的方法?

即使不能完全地摆脱感情的影响，也至少应该寻找减小影响的方法。找到了这样的方法，我们就能够贯彻“长期分散投资”了。所谓“长期分散投资”就是对各种各样的资产进行分散地配置，并在较长时期内持有的投资方法。

就如同这个名称一样，长期分散投资的重点在于“长期”和“分散”。因为对资产进行短期的预测很难，所以应选择长期持有。因为很难事先预测出哪种资产会上涨，所以要尽可能地分散。基本的思考方法就是“不依靠预测取得成果”。

◆ 长期分散投资的思考顺序

长期分散投资，不是从预测哪个公司的股票将来会上涨开始的。哪个公司能赚钱或者哪个国家能够成长都是很难预测的，所以最好广泛地投资各种各样的资产，不在乎价格是上涨还是下跌，重点在于一直持续持有。

长期分散投资中，比起投资品种和时机的选择，更重要的是对各种各样的资产进行分散配置，并长期持有（当然也并不是忽略品种选择和时机等要素）。“长期持有”和“资产组合”是获得收益所要考虑的要点。

在考虑长期分散投资时，可以按照了解具有代表性的资产的特点→组合资产→长期持有的顺序进行思考。

- **了解具有代表性的资产的特点**
- **组合资产**
- **长期持有**

● 了解具有代表性的资产的特点

这里所说的资产并不是像“丰田汽车的股票”、“日本国债”这样的具体资产，而是像“日本股票”、“日本债券”、“外国股票”、“外国债券”这样的由于共同点而捆绑在一起的组群。这种组群叫做“资产板块”。

不同的角度可以有不同的组群分类，所以资产板块也会有多种设定。仅从“日本股票”这一类别来看，根据企业规模的大小，又可以细分为“大型股票”、“中型股票”、“小型股票”，但过于细分之后更复杂，所以本书对资产板块的设定为“日本股票”、“日本债券”、“外国股票”、“外国债券”四种（虽有建议指出应将不动产和原油之类的商品纳入其中，但本书并不认同。理由详见第60页）。

丰田汽车的股票和迅销公司（优衣库的运营公司）的股票价格波动有很大的不同，但因为他们同为日本企业发行的股票，所以都被归为“日本股票”这一资产板块中。

就像学校的班级都有各自的特点，资产板块也有其特点。股票和债券相比，股票的价格波动更剧烈，日本的资产（以日元支付）与外国的资产（以外币支付）相比，由于受到汇率的影响，外国资产的价格波动更加剧烈。

股票有大幅盈利的可能性，但同时价格波动也很激烈，如果把两者比做汽车，股票就如同汽车的“油门”；债券（日本债券）的价格波动小，但相对应其盈利较少，就如同“刹车”。

踩下油门会提速，但危险会加大；踩下刹车危险会减小，但毋庸置疑速度会下降（“外国债券”，由于受汇率影响，价格波动会较剧烈，虽然叫做“债券”，仍然具有类似“油门”的性质）。熟练地运用油门和刹车对提高投资收益和安全性非常重要。

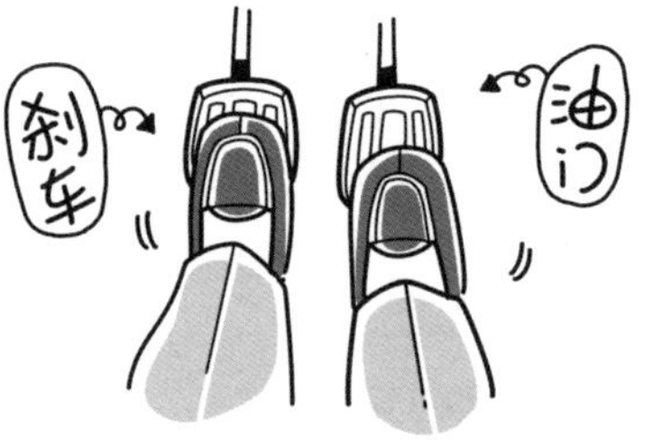

油门与刹车
好的驾驶员懂得综合地运用油门和刹车，在投资的道路上游刃有余。

● 组合资产

了解了具有代表性的资产（资产板块）的特征之后，接下来就要对这些资产进行组合。一边有效地利用资产板块的特点，一边创造适合自己的组合。

组合的方法不同，运用的收益也会不同。是股票占较多比重，债券占较多比重，还是采取平衡分配？这些都必须要考虑。如果把组合资产的行为比做开汽车，不同的组合方法就好像通过调节刹车和油门来达到自己想要的速度。

● 长期持有

决定好组合后，接下来就是长期持有。虽说“长期持有”写起来不过是四个字，但真正做到却很困难。长期持有并不是把资产扔在一边不管不问，要做到长期持有，还需要花很多工夫。

◆ 用数字来确认长期分散投资的效果

我们来通过数字确认一下长期分散投资的效果吧。图 2-1 显示的是 1989 年至 2008 年 20 年间，日本股票（TOPIX）较上一年相比的增减程度。既有上涨近 60% 的年份，也有下跌 40% 多的年份。20 年间增长幅度的平均值为 -1.8%，但是期间的实际价格波动相当剧烈。（图 2-1 至图 2-5 是依据各个资产板块的指数数据绘制的。所使用的指数请参照第 62 页。）

图 2-1 显示的是仅投资日本股票这一种资产的情况。基于分散投资的思路，我们试着加入日本债券。图 2-2 显示的是日本股票与日本债券的投资分别占 50% 的情况。上下波动的幅度变小了，但仍然还是存在下降了 20% 左右的年份。

图2-1 日本股票・每年的回报

（单位 %・1989-2008 年）
平均 -1.8%

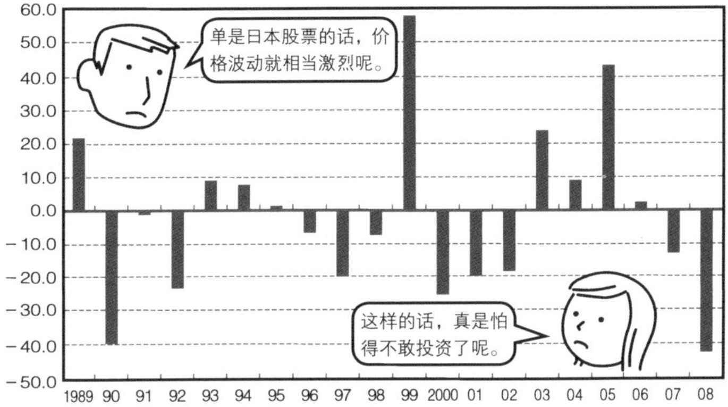

图2-2 日本股票和日本债券・每年的回报

（单位 %・1989-2008 年）
平均 1.1%

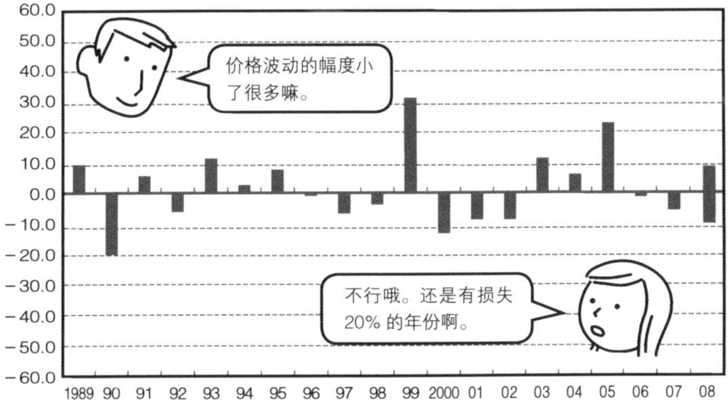

于是，再加上外国的资产，“日本股票”、“日本债券”、“外国股票 ”、“外国债券” 分别各投资 25%，结果如图 2–3 所示。虽然全局的下降幅度减少了，但是 2008 年的下降率却加大了。那是由于日元升值，“外国股票” 和 “外国债券” 都大幅下跌的原因。

图2–3 四种资产板块·每年的回报

（单位 %·1989–2008 年）
平均 4.0%

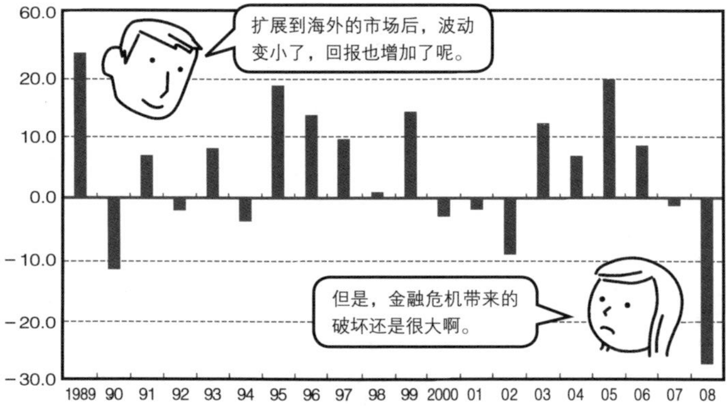

图2–4 四种资产板块·三年间的平均回报

（单位 %·1989–2008 年）
平均 4.5%

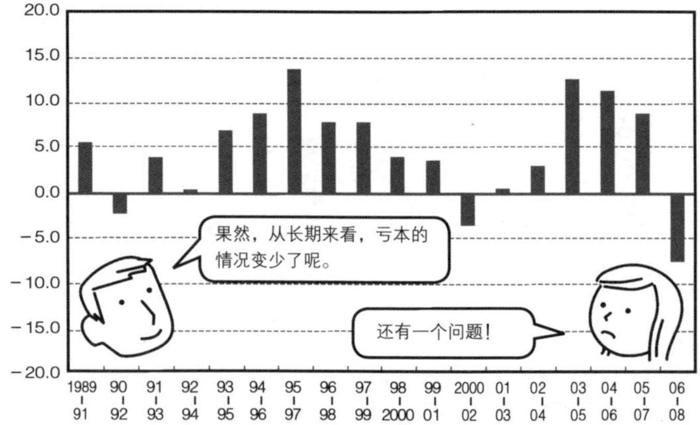

图2-5 四种资产板块・七年间的平均回报

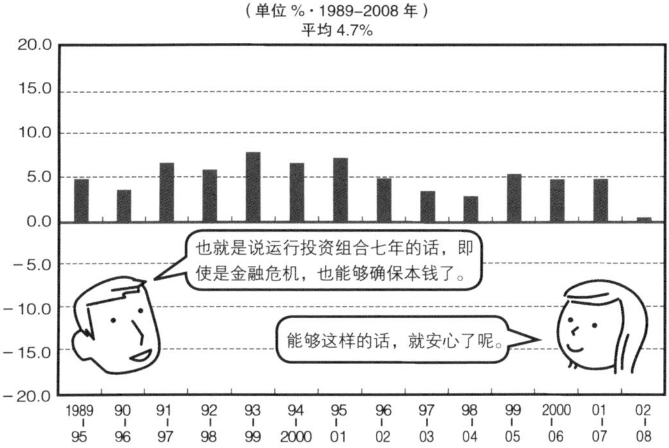

通过这几幅图表，我们似乎可以认为分散总体来说是具有效果的，但是 2008 年的金融危机带来了巨大的破坏。对于 2008 年初才开始投资的人来说，一年时间就损失了 27%。所以即使采取分散投资，一年的时间内，还是可能遭受巨大的损失。

我们来延长投资的时间看一看。将“日本股票”、“日本债券”、“外国股票 ”、“外国债券” 分别投入 25% 的投资组合长期运用。图 2-4 显示的持续运行三年的情况，总体上负值的情况减少了，但还是受到金融危机的影响。图表中显示的是平均一年的数字，所以说 2006 年至 2008 年连续三年 7.7% 的下降。2006 年年初开始投资的人，三年间资产减少了 20% 以上。

运行期间延长至七年的话，负值就消除了(图 2-5)。2002 年开始投资，一直持续的话，即使经过这次的金融危机，也总算保住了本钱。

看了这些图表，我们能清楚地了解这次金融危机的严重性。看到这个结果，还是会有人对长期分散投资存在质疑。这次的金融危机的影响确实很大，经常听到“一百年一次”这样的话(虽然我并不这样认为)。针对这样大的危机，采用“分散、长期持有”这种简单方法所能达到的效果，经过评估我觉得还是比较合适的。

2-2 勇于迎接挑战的人才会有回报

◆ 长期分散投资有效果的原因

“没有必要考虑投资品种以及买卖的时机。只要投资几种资产，然后长期持有，就能得到一定的成果。这样的话也不容易受到感情的影响，长期分散投资确实是一个不错的方法。”

你可能这样想过，长期投资确实好像会有一定效果。即使由于金融危机资产暴跌，只要长期持有的话，遭受巨大损失的可能性会降低，这是个值得认真研究的方法。

在长期分散投资中，预测不是重点。虽然不能不考虑“日本股票”、“日本债券”、“外国股票”、“外国债券”分别占多少比例，但是基本上就是“购买后坚持持有”这种单纯的方法。为什么如此简单的方法可以产生效果呢？

为了验证长期分散投资的效果，我们也来一起考虑一下储蓄以及投资债券的情况。你进行存款，也就是等于将钱借给了银行，然后这些钱又经过银行借给企业和国家等；另一方面，购买债券就是直接把钱借给企业和国家。不管是储蓄还是债券，只要对方没有倒闭，你就可以得到利息，作为资金的使用费用（银行倒闭的情况下，根据存款保险制度，一定数额的存款可以得到赔偿）。

一直将钱放在手中，不能够实现增值。所以采取存款和债券投资的形式提供资金，我们可以获得利息。

那么在投资股票的情况下又是怎样的呢？持有股票也就等于是拥有了企业一部分的所有权。如果企业倒闭，最坏的情况就是作为股东的你将什么也得不到。你购买的股票可能就变成了废纸。当然，没有人一开始就打算让股票变成废纸的。既然购买了股票，自然是期待获得相应的回报。

那么多少回报是可以期待的呢？试着考虑一下下面的问题吧。

问题 2

A公司的社长想要获得1000万日元（约80万元人民币）的支持，支持的方法有两种：一种是购买股票，可以期待价格上涨时的收益以及分红；另一种是购买企业债券（企业发行的债券），利息是每年3%，5年后返本金。A社的经营状况目前不错，似乎没有倒闭的可能，但是也不能断言说没问题。如果你要购买股票的话，多少回报是必要的呢?

判断的标准就是“企业债券的利息”。债券每年能获得 3% 的利息的话，如果购买股票每年 3% 的回报就没有意义了。股票有变为废纸的危险性，多少回报是必要的，这个虽不可一概而论，但是比企业债券利息的 3% 追加 5%，也就是期待 8% 左右的回报，这算不上是贪婪。因为最坏的情况是股票可能会变成废纸。（参考金融工程学的思考方法，可以通过概率来计算回报。）

由于通过股票筹集到的资金没有返还的必要，对于企业来说也有益处。对于股东来说，想要努力获得比企业债券更多益处，就要获得股票价格上涨的收益（资本收益）以及分红。

如果没有针对股东的追加收入的话，那么就不会有人购买股票了。所以从长远来看，股票应该可以比债券得到更多。存款是经由银行出借资金，所以与债券有着相似的性质。以此类推，与股票、债券的关系一样，投资股票要比存款收益大。

但是，这种关系的成立是建立在长期的情况下。如果从短期来看，也许就不会这样。从个别企业来看，其中会有倒闭的企业。但是从股票市场全局来看，针对股东的追加收入确实是有的。（这种追加收入可以称为资本收益，也可以认为是对于投资股票的人们的报酬。）

从长远来看，股票投资比债券投资回报要大，所以长期分散投资时，通常将资金的一部分投入到股票中。如图 2-5 所示，确实是有成果的。长期分散投资是有保障的。

如果投资股票可以期待大的回报的话，那么也许就会有人提议全部投资到股票。道理上是没有错，但如果 100% 的资产全部用于股票的话，价格的波动会过大，失败时的损失会变大，所以要采取分散投资才能有效果。

◆ 勇于迎接挑战的人可以期待回报

世界上第一个股份公司是 1602 年成立的荷兰东印度公司。股份公司这种形式出现已经有 400 多年了，通过股份公司的形式，经济实现了巨大的发展。这是投资者们提供的资金支持着新的挑战的缘故。投资者们在想股票虽然可能变为废纸，但也可能赚取收益，利用从投资者中获得的资金，经济得到了发展，物质得到了丰富，而且投资者们也获得了收益（当然，也有损失的投资者，但是整体上应该还是获得收益的投资者多）。

对于是否应该称赞对经济发展的放手的行为仍存在着不同意见。我并不是增长至上主义者，但是对于生活在 21 世纪的我们，和以前的人们比起来物质丰富了是事实。对于社会，我由衷地表示感谢。

这种经济发展的一个原因就是股份公司这种形式。只要人们有欲望（从正面来说可称为“进取心”），经济还是会继续通过股份公司这种形式不断地发展。虽说“经济发展到头了”这种言论多次出现，但是每一次世界经济都还是在继续发展。不管是好是坏，总之在你生活的这段时间里，发展还将继续。

平时很难注意到，我们的生活其实从股份公司这种形式中获益很多。衣食住行各个领域中股份公司都发挥着重要的作用。如果你投资了使我们的生活变得更好的公司的股票，既利人又利己。为了社会的发展而活用自己的资金，同时又可以获得收益的话，的确没有人会有怨言。谁会错过这个机会呢？

勇于迎接挑战的人可以期待回报，但这并不是保证可以得到回报。但是从长远来看，股票市场整体上是可以获得与挑战相应的回报的；否则股份公司这种形式本身就显得很奇怪。金融危机的爆发并不是否定股份公司的形式，这种形式在反复修正的过程中，会和我们一直共存下去。将金融危机作为修正的机会，让我们与股份公司这种形式更好地合作吧。

2-3 克服长期分散投资的所有难题

◆ 还没有发现的问题

长期分散投资几乎不会遭到巨大损失。即使在泡沫经济后股价上涨到达顶峰的1990年年初开始投资，针对四种资产板块均等地投资，持续7年后，也能得到年平均3.5%的收益(图2-5)。过去的业绩并不能保证将来，但是在长期分散投资的情况下，我们依据的数据既包括运行好的时候，也包括运行低迷的时候。从这一点上来看，这确实是一个有效的方法。我们是不是应该马上就采取这种方法呢?

再冷静地考虑一下，如果长期分散投资真是好方法的话，应该有很多人取得了成功才对。即使在你身边有大量因为长期分散投资而取得成果的人，也并不奇怪。但是，是这样吗? 好像还有什么地方没有察觉到。长期分散投资存在哪些问题呢?

难题一：分散的效果在变弱

1990年泡沫破灭，日本的股价暴跌，但是由于与其他国家的股价关联性不强，所以如果分散投资了不同国家的股票，也取得了相应的成果。但是2008年的金融危机中，全世界的股票都下跌，分散的效果就变弱了。这是由于资金在世界范围内自由流动，使得世界各国的股票市场的联动性提高了。

联动性确实是提高了，但是分散投资的对象并不只是股票这一种资产，债券也是分散投资的对象。虽然债券和股票短时间也会有联动性，但是认为包括债券投资在内的分散投资没有意义，是太极端的说法了。即使是股票，不同国家股票市场的波动也并不是相同的。分散投资多个资产这种方法也将会继续有效。

难题二：无法坚持下去

长期分散投资有一个大前提，那就是“唯有长时间坚持才会有效果”。相反，如果不能够做到长期坚持，也就不能够期待效果。这是顺理成章的。

你也许会认为仅仅是持续并不是那么困难的事情吧，将拥有的资产就那样一直持有就可以了吧。那么来思考一下下面的问题吧。

问题 3

你在2008年1月1日以1000万日元（约80万元人民币）的资金开始了投资。针对“日本股票”、“日本债券”、“外国股票”、“外国债券”平均投资了250万日元（约20万元人民币）。之后由于金融危机的影响，资产快速缩水，一年后1000万日元（约80万人民币）变成了730万日元（约58万元人民币）。你明白投资如果不长期持有的话，不会有效果。之后你还会继续持有现在的资产吗？

你的答案是什么？请按照真正在运行 1000 万日元（约 80 万元人民币）来考虑。你能够相信长期分散投资的效果，马上回答“可以继续”吗？

在由于暴跌而遭受巨大损失的情况下，精神上的负担是超乎想象的。就如同之前提到的一样，人类具有回避损失这样的倾向。没有比损失更痛苦的东西了。如果按照长期分散投资的思想，即使在这种情况下，也应该坚持继续投资，但是人类的心理并不是那么单纯的。不管长期分散投资的方法是多么的优秀，面对一年损失 270 万日元（约 22 万元人民币）的情况也不能保持冷静了，而且价值还有可能继续下跌。

大家都认为实行长期分散投资的方法很简单吧。仅仅是“购买并且长期持有”。但是，实际做的话，就必然会遇到难以坚持下去的情况。推荐长期分散投资方法的书和杂志有很多，但还没有发现哪本提到过这一点。所谓的专家们都轻视感情的影响。

可能这种想法有些奇怪，但是我在想长期分散投资是不是不可能实行的事情呢？“坚持下去很困难”就是长期分散投资实行的最大障碍。如果坚持不下去的话，长期分散投资只不过是“画中的大饼”而已。

难题三：高价时开始投资

投资的初学者几乎都是在上涨的行情下开始投资的，因为想要马上获利。本来在价格下跌的时候购买，应该可以期待将来的上涨，但是很多人不是这样想的。他们承受不了刚开始投资，价格就下跌的情况。

就像这样，投资的第一步就走错的人有很多（“很多”这种说法还是委婉的,实际上几乎所有人都犯了错误）。由于这样的行动与人的本性有关，所以即使认识到了，也很难改正。

当然，这个行动也与长期分散投资存在联系。我们说长期分散投资不用选择开始的时期。确实，正如图 2-5 所示，好像开始时期的差异没有带来很大的差异。我们来确认一下日本股票上涨后开始投资的情况和价格大幅下跌后开始投资的运行业绩吧。我们来参考有关日本股票波动的图 2-1 以及显示七年运行业绩的图 2-5。

● 日本股票价格上涨后开始长期分散投资的情况

日本股价在 1989 年末迎来泡沫的顶峰。如果在确认这种价格上涨的 1990 年开始分散投资，七年的年平均业绩是 3.5%。这低于 1989 年至 2008 年间的平均 4.7% 的水平。

1999 年股价上涨了近 60%，如果从之后第二年 2000 年开始投资，年平均业绩是 4.6%，基本与平均水平持平了。

● 日本股票价格下跌后开始长期分散投资的情况

从价格下跌后开始投资的情况是怎么样的呢？ 1990 年日本的股价一年之内下跌了近 40%，在之后的第二年 1991 年开始投资的话，年平均业绩是 6.6%，这远远高于平均水平。1992 年价格下跌了近 20%，如果在之后的 1993 年开始投资的话，年平均业绩为 7.9%。

虽然仅这些数据不能够作出断言，但是下跌后开始投资有更容易取得成果的倾向。联系到“购买低价物品”这一点，我们应该更容易理解了。

如果是很多股票上涨后开始投资的话，七年间的年平均业绩连 4.7% 达不到。因为 4.7% 的计算也包括了价格下跌后开始投资的情况。

几乎所有的人都是在价格上涨的时候开始投资的，虽然这是无可奈何的事情，但还是要清楚自己最开始已经在背负着不利条件的情况下参与竞争。由于不可能让初学者在价格下跌的时候开始投资，所以有必要思考怎么样活用价格下跌的时期。不这样的话，就会在买入高价的东西，运行业绩也就不可能提升了。

以上就是有关长期分散投资的三个难题。第一个难题好像还能够解决，但第二、第三个难题的根源就很深了。

◆ 长期分散投资与感情不符

长期分散投资确实是一个有效的方法，但是它也存在很大的问题。长期分散投资的思考方法与人类的感情不符。

人类不喜欢花费时间等待成果。彩票可以马上知道结果，所以人们很喜欢。如果说彩票的 10 亿日元（约 8000 万元人民币）奖项要到 10 年后才能领奖的话，估计就没有人购买了。[作者注：如果是 10 亿日元（约 8000 万元人民币）的话也许还是会买吧？] 我们容易被彩票吸引，却很难感受到长期分散投资的魅力。

即使是在活用长期分散投资的情况下，感情仍然是巨大的障碍。第一次投资的人们会思考“买什么样的产品好呢”、“采用什么样的方法投资好呢”等这些问题。但是，产品和方法都不是那么重要的问题。最重要的问题就在我们内心。如何与感情打交道才是有关投资最大的问题。

山口小讲堂

为什么无法效仿专家?

推荐长期分散投资的专家们，好像并没有将感情这种暧昧的因素列入考虑范围之内。为什么长期分散投资不能从感情角度来讲呢？那是因为长期分散投资是在专业投资家的理论基础上成立的。

专业的投资家就是指那些筹集他人资金从事投资的人。专业人士都有一个共识，那就是“持续地运行”。不管运行中的资产是上涨还是下跌，专业人士都不会中途放弃，放弃了就等于失去了工作，不能够因为价格开始下跌就放弃投资。在专业的世界里，工作不断持续，这个没有结束的游戏也不断持续。

而我们的情况却不是这样。对于普通人来说，投资并不是非做不可的。它不是工作，不想做的时候就可以不做。当持有的资产大幅下跌时，自然会想要放弃投资。

专业人士和我们投资的前提条件就有很大的不同。长期分散投资在专业人士的世界里可以被有效地运用，但是对于普通人来说，就这样运用太困难了。就如我多次强调的，感情会成为持续投资的障碍。即使在专业人士的世界里很有效，但让一般人也这样运用就有点强人所难了。这就好像职业棒球和业余棒球的区别。

专业人士介绍了各种各样有关投资的方法，当然那些方法具有一定的参考意义，但由于专业人士的职业身份，他们并没有抱着“是否持续下去”这样的疑问，持续下去被认为是理所应当的。而所谓的方法，应该在相同的前提条件下才能发挥效果。由于专业人士和我们的前提条件不同，所以即使对专业人士有效果，也不能说对我们就有效。

不要再照搬专业人士的做法了，他们和我们的立场不同。参考本书，用普通人也可以实行的方法，把确确实实的收益拥入怀中吧。

Chapter 3 年收益5%*的“一般奖励”

3–1 “一般奖励”是谁都可以得到的

◆ 铁臂阿童木的投资

铁臂阿童木是怎样进行投资的呢？铁臂阿童木虽然是机器人，但由于他有着人类的心，所以也会烦恼、痛苦。阿童木在运用资产时，能够不受感情的影响，冷静地作出判断吗？还是和人类一样，会受到感情的影响而苦恼呢？如果我们能够在完全不受感情影响的状态下投资的话，可以得到多少回报呢？

在漫画、动画中出现的机器人，通常都是冷静沉着，能准确地预测着未来，好像神仙一样的万能的存在。非常抱歉，我不是万能的机器人，无法预测将来。所以我进行了思考，找到了好的方法，那就是“使用不依靠预测的方法”。这是基于长期分散投资的方法，采用这个方法，就可以不依赖预测而获得一定的回报了。

投资的方法很简单，就是在每年的 1 月 1 日投资一定数额（1 月 1 日几乎所有的市场都休市，所以以 12 月末的最终价值购买）。针对“日本股票”、“日本债券”、“外国股票”、“外国债券”等购买对象分别投资 25%，

* 日本银行存款利率接近于 0，截至 2011 年 7 月 25 日，三菱东京 UFJ 银行的活期存款利率为 0.02%，所以 5% 的年投资收益已算很高。

这遵从了分散投资的方法。投资之后一年什么也不做，到一年后的1月1日，再和上一年一样投资一定数额，然后不断反复地做同样的事情（实际上，需要进行“再平衡”的工作，有关“再平衡”请参照第71页之后的说明）。

这是极为简单的方法。那么这样做有多大效果呢？根据图2-5所示，在1989年1月1日投资的资金到1995年12月31日的七年间，每年以4.7%（复利）的涨幅在增加。在1990年1月1日投资的资金，七年间每年以3.5%的涨幅增加，这样一共重复14次。从2002年开始投资时，七年间每年只增长了0.2%，但是由于和1993年开始投资时一样，有年增长7.9%的时候，所以14次的年平均收益率就是4.7%。

图2-5中体现出2008年秋开始的金融危机带来的影响。从这个角度考虑的话，年平均收益率4.7%可以说是不错的了。这个数字没有考虑成本，所以在实际投资的时候，还必须扣除成本。即使按照每年1%的成本计算，每年3.7%（4.7%−1%=3.7%）的运行业绩也还算是令人满意的结果吧。

每个人都有获得“奖励”的机会

如果能够每年定期投资一定数额的话，我也可以将这个投资法慢慢地继续下去。作为机器人，我被输入的指令仅仅是“每年1月1日，针对四种资产板块分别投资25%”，只要实行这个就可以了。经过一段时间，投资就能够产生回报。

即使人类无法完全不受感情影响，但采取机器人一样的行动，还是应该可以做到的。七年间不断投资的话，就会像图2-5中一样，可以期待每年4.7%的运行业绩（成本扣除前）。这是由于投资而获得的“奖励”。正如之前所说，勇于迎接挑战的人可以期待回报。投资有价格波动的资产，从长远看，是可以得到“奖励”的。

所以这里的“奖励”是谁都可以得到的，不用做什么特别的事情。如果说做的话，也就只是机械地定期在1月1日进行投资这件事。所以，我们称这个为“一般奖励”*，具有不用做什么特别的事情，也能够获得奖励的印象。每个人都有获得“一般奖励”的机会，只要基于长期分散投资的方法，不用预测，慢慢地持续投资就可以了。

◆ 来场可以预见到胜利的比赛吧

“一般奖励”的存在给了我们勇气。由于金融危机的影响，图 2-5 的数据是平均每年 4.7% 的运行成绩，但是从长远来看，可以期待每年 5%-7% 的收益（成本扣除前）。即使扣除运行成本的 1%，运行业绩也可以达到年 5%。

如果能够利用四种资产板块持续进行长期分散投资的话，任何人都可以得到“一般奖励”，这是很公平的。如果是赛马的话，筹集到的资金约 25% 都会到主办者的手中。在购买 100 万日元（约 8 万元人民币）的赛马券时，赛马券的价值就成了 75 万日元（约 6 万元人民币），由参加者共同分割所筹资金的 75%。在赛马中一般所有人都有 25% 的损失，而购买彩票的情况下，会有近 50% 的资金到主办者的手中。300 万日元（约 24 万元人民币）的彩票就只有 150 万日元（约 12 万元人民币）的价值。

在类似赛马、彩票这样的赌博投机中，一般所有人都会成为失败者。这是因为从参加者手中筹集到的资金被减少一定数额后才被分割。被扣除的金额约 25%-50% 不等，几乎所有的人都是“完败”。当然也有人大赚了一笔，但是还是损失的人多。这样说可能会被认为没有梦想，但是冷静地审视现实是非常必要的。

与此相对，长期分散投资中每个人都有机会。如果不受到情感因素的影响，资金有可能每年增值 5%。用于赌马或者彩票的资金如果运用到长

* 所谓的“一般奖励”是指不依赖预测，通过长期分散投资获得的收益。本书中采用的是平均投资四种资产板块的数据，如果投资其他的资产板块，或者以不同的比例投资的话，获得成果是不同的。另外，1 月 1 日投资也只是举例，并不是一定要在 1 月 1 日进行投资。

期分散投资中去要好得多。不过成果的体现也是要花费时间的。

想要在赌博投机中胜出，就必须要抢夺其他参加者的资金。竞争是大前提。如果只是一般的成绩，最后还是会损失，所以我们会对照着赛马新闻进行预测、去有中奖出现的地方购买彩票等。

在投资中，如果只是想得到“一般奖励”的话，就没有抢夺他人资金的必要，不竞争也可以。投资股票、债券，通过持续的持有，就可以从企业或者国家等组织产出的利益中分得一部分。赌博投机和长期分散投资在赚钱的方式是有着很大的不同。

不用和其他人争就能取得一定成果，那就算没有特别的知识和经验也可以成功。长期分散投资是可以预见到胜利的比赛。

无法得到“一般奖励”的原因

“一般奖励”就在每个人都可以碰到的地方，但是实际上，得到“一般奖励”却不那么容易。为什么呢？这是因为人类是有感情的动物。从2009年1月1日的情况来考虑，就可以明白了。对于身为机器人的我来说，每年1月1日是决定好的投资的日子。金融危机之后的第一个1月1日和其他年份也没有什么不同。我会针对“日本股票”、“日本债券”、“外国股票”、“外国债券”分别投资25%。

但是作为人类来说，这样行不通。股票市场非常混乱，谁也不知道金融危机的程度到底还有多深。2008年一整年，日本股价下跌了40%以上，除日本外的外国股票（MSCI-kokusai※8 以日元为基准）下跌了50%以上，不知道之后下跌到底会不会结束。这个时候，人类就会犹豫买不买。“由过去预测未来的倾向”、“回避损失的感情”都影响着我们的行动。

如果想得到“一般奖励”，就不能在乎价格的上涨与下跌，一直采取同样的行动是大前提，但是感情给这样的行动增加了阻碍。我们的感情在

※8 见第154页“术语解析”。

价格下跌时控制我们的购买行动，在价格上涨时又促使我们购买。“不想损失”、“一直以来都是上涨的，所以之后也会上涨”等心情，与“高价购买、低价出售”这种错误的行动密切相关。

高价购买、低价出售，就好像在为了损失而投资一样。由于感情的影响，我们错过了谁都可以得到的“一般奖励”的机会，多么可惜啊。

◈ 两种“奖励”

“一般奖励”对于投资来说,其实不算“奖励”,另外还有“特殊奖励”。“特殊奖励”是比“一般奖励”大得多的东西。

既然是特别的,也就是说并不是所有人都能得到。和赌博时情况相同,为了得到“特殊奖励”，就不得不从别人处抢夺。通过预测，以及从他人处夺取一部分“一般奖励”来得到“特殊奖励”。

想得到“特殊奖励”的人不止你一个。你想着要夺取别人的，你的同样也有可能被其他人夺走。如果最终不能得到,还有可能面临巨大的损失,而且你的对手也并不仅仅是和你一样的人，你不得不把投资的专家也作为竞争对手。

如果想要得到“一般奖励”，预测并不是那么重要，就像机器人那样运作，尽量减少预测这个要素。按照长期分散投资的方法，运用各种各样的资产，通过长期的持有，达到一定的收益。投资产品种类以及投资时机的选择并不是那么重要。

然而想要得到“特殊奖励”，预测是不可缺少的。通过提高预测的准确度，获得高收益是基本的思考方式。这种资产集中的投资，抓住时机将大部分资产集中投资的方式,如果顺利的话就能获得更大的收益。在这里,资产并不一定要长期持有，短时间内的买卖也是可能的，且投资产品以及投资时机的选择是投资成功的重要因素。

通过投资获得收益,在这一点上两种“奖励”是相同的,但是获得“奖励”的方式却有很大的不同（如图 3-1）。为获得“特殊奖励”所采取的方式与通过赌博赢取收益的方式类似。

图3-1 两种奖励

	预算	投资类型	投资产品的选择时机	对应措施
一般奖励	不需要太重视	分散	不需要太重视	操作容易
特殊奖励	重要	集中	非常重要	操作困难

◆ 首先要得到“一般奖励”

“特殊奖励”具有很大的吸引力。如果预测准确的话，在证明自己想法正确的同时，也获得了巨大的收益，但并不能保证一定会成功，也有可能会面临巨大的失败。这种投资方法会直接受到感情的影响。

而“一般奖励”是谁都有机会得到的，即使不是特别的人也可以得到。即使不依赖预测，只要按照长期分散投资的方法行动，获得收益的几率很高。虽然无法大赚一笔，但却能清楚地看到通往成功的道路。

我们应该首先得到“一般奖励”。先牢牢地抓住能够到手的东西，然后再瞄准“特殊奖励”，这样才是正确的顺序。

投资开始时，每个人都感觉可以获得“特殊奖励”。这就是“自信过剩”。明明没有什么依据，就幻想着“特殊奖励”，投资过程中受到情感的影响，投资必定会失败。自信过剩既是一开始参加投资的动机，也是失败的主要原因。抱着自信心进入股票投资和外汇交易[※9]的例子数不胜数，但是几乎都以悲剧结束。杂志和书中出现的“通过股票与外汇交易大赚一笔”的说法，其实和“肯定能中 3 亿日元（约 2500 万元人民币）彩票”的说法是一样的（彩票确实是很难中的）。

※9 见第 154 页“术语解析”。

不管是股票投资，还是债券投资，每个人都能够得到的只是“一般奖励”而已。虽然可能有人不愿承认，但这是无法动摇的事实。如果一直想得到“一般奖励”以上的回报，需要一些特别的理由。但是如果认为只有你自己是特别的，这就大错特错了。回想一下富田女士说过的话：“我自认为购买的股票是不会下跌的。”如果有谁认为自己是特别的，那么结果就是想尽办法追求“特殊奖励”，最后还是蒙受损失。

知道了不能够获得“特殊奖励”，是不是感觉很失望呢？不要失望。我认为如果可以获得“一般奖励”，也是挺令人满意的成果，你觉得呢？

山口小讲堂

“奖励”的总额是有限的

“一般奖励”是指通过向成长中的企业、国家等组织提供资金而获得的报酬。获取资金的企业、国家等，将创造财富的一部分返回给我们这些资金提供者。

但是这个世界上的企业或国家等组织产出的财富总额是有限的，所以这个财富的分配额也是有限的。虽然限度是多少无法明确表示，但从以往的历史来看，大约是在年 5%–7% 左右（未扣除成本以本国资产为中心进行分散投资的情况下）。

所以在获得“一般奖励”的时候，要关注所需支付的成本。即使花费很高，“一般奖励”也不会增加。相反，成本高了，就使得我们到手的“一般奖励”减少了。像“特殊奖励”一样，考虑从别处抢夺的时候，花费成本或许可以使得运行业绩变好，但是这并不适合“一般奖励”。

图 2–1 中所使用的数据都没有包含手续费和税金等成本费用。所以与实际运行相比，图中的运行业绩看上去比较好。另外，保本型养老基金中，需要每年 3% 的手续费，从图中显示的运行业绩中扣除 3% 就是实际运行的业绩了。也就是说，即使每年增长 4.5%，实际也就是增长了 1.5%（4.5%–3%=1.5%）。即使是基金投资的情况下，每年也要支付 1%–1.5% 的手续费。

想要得到“一般奖励”，关注成本费用十分重要。

3-2 和感情友好地相处

◆ 用“计划”应对感情

想要获得“一般奖励”,我们要做到和感情友好地相处。让人为难的是,感情是无法捕捉的事物。虽然是自身的东西,却怎么也弄不明白,但也并不是完全不明白。投资过程中,什么样的情况会对感情产生影响,在某种程度上是可以预测的。比如说价格下降的时候,避免损失的心情会变得强烈,这是显而易见的事情。

对合理行为造成妨碍的感情产生时,我们应该怎么办呢?如问题3(第30页)中提到的,你所持有的资产价格下跌了,避免损失的心情变得强烈。你觉得“投资真是太讨厌了”而想放弃投资的心情(感情)和必须继续分散投资的想法(合理的思考方法)会相互碰撞。这时,应该怎么办才好呢?

用计划应对感情

既然感情的波动是投资最大的敌人,那么就提前做好计划,设计好固定程序,像机器人完成任务一样摒除一切干扰,坚决按计划行事。

所谓的“压制感情”根本是不可行的。感情是自然而然的东西,强行地压制它,会造成压力。那么,“再一次确认合理的思考方法,说服自己‘还是继续进行投资比较好吧’”,这种方法怎么样呢?这是利用理性来安抚感情。虽然这方法不算差,但是不能期待有大的效果,因为感情是从人们内部产生的东西,无法用道理进行说明。将不能用道理说明的事物硬是要用道理进行说服,这有些过于勉强。存款欺诈的受害者无法做到的，正是用理性说服感情。

如果对感情进行压制，用理性进行说服都是徒劳的话，还有什么其他的方法吗？

如果在投资之前，就针对“价格下跌时的心情”掌握了相关的知识又会怎样呢？即使是遇到价格下跌的情况，因为能够马上认识到自身受到的感情影响，应该会冷静下来吧。稍稍冷静后，再采取下一步的具体行动，比如像竹岛先生一样购买降价的股票也是一个选择。因为“便宜了就购买”这个选项是事先就准备好的，所以可以顺利地付诸行动。

这就是“计划”发挥了作用。既不是压制感情，也不是用理性说服感情，而是自然而然地与具体的措施进行连接。价格下跌时，回避损失的心情会变得强烈，事前了解了这种心情，就可以准备好应对感情的“计划方案”。

伴随着投资的感情并没有太多模式，只要对代表性的感情进行了解，事前准备好具体措施，就可以有效地应对感情了。为了有效地处理感情而准备好“计划”的话，就能够得到“一般奖励”了。

而“特殊奖励”就没有这么简单了，想要获得“特殊奖励”就必须从他人那里进行抢夺，对手也有专业人士。投资市场没有简单到可以用一种模式连续取得胜利，而且选择什么种类的产品、在什么时机投资都和感情有关系，所以不能将这种方法模式化。

难的问题我们先推后，先从获得“一般奖励”开始吧。

◆ 具有代表性的几种感情

与投资相关的感情，我们之前已经提到过几个。我们再来确认一下都有些什么样的感情吧。

回避损失

正如富田女士，即使她所持有的基金价格下跌了，她也没有中途解约。

因为一旦卖出，就意味着损失的确定。这与无法购买价格持续下跌的股票是一个原因，我们不喜欢手上的东西价格下跌。

通过过去预测未来

富田女士购买基金的时候，过去良好的业绩成了决定条件。这种感情和泡沫的产生有着很大的关系。泡沫时期很多人开始投资，正是因为对价格上涨的事物感到放心。这次的金融危机，起因就是美国的房地产价格持续走高，导致了房地产泡沫的产生。

比起遥远的将来，优先考虑现在的利益

富田女士正是被基金可以获得分红的魅力所吸引。比起不知什么时候才可以得到的利益，我们更重视眼前的利益。购买彩票或者参加赌博的人们，整体看来都一定会损失，但即使这样，仍然一直有人参加，这都是因为受到可能暴富的诱惑。

寻求确定性

在银行的柜台中，强调“安全性”的产品很受欢迎。我们讨厌不确定性，即使利息很低，还是有很多人愿意把钱就那样存在银行，这就是有很多讨厌不确定性的人的证据。尤其是“本金保证”条款的有无，成为了投资的判断标准。

想采取与他人相同的行动

股票价格持续上升，购买股票的人增加的话，就会产生“我也买股票试一试”的想法。相反，股票价格持续下跌，观望的人很多时候就会产生“再观察一段时间”的想法。购买新的金融产品时，选择身边的人已经购买的产品，就是受这种感情的影响。

避免后悔

投资的资产大幅度下跌时很难卖出。如果卖出也就意味着否定了自己做过的事情，也就是所谓的后悔。承认自己的错误是很困难的，人无论怎样都想要逃避过去的失误。

即使你没有投资经历，也应该经历过与这里提到的相似的情况。这些感情是我们与生俱来的，它出现在我们生活的方方面面。

◆ 试着改变视角

感情为什么会产生呢？在对未来的事物进行预测时，如果没有可以作为参考的事物，将非常难办。这个时候，试着参考过去并不是坏的方法。需要瞬间判断的时候，将过去成功的事物作为参考也没错。“缩小焦点的范围，可以使我们更容易行动”，这时感情确实发挥着很大的作用。

感情的活动是有来由的，但是在投资的情况下，却会起到反作用。因为焦点范围变小,反而更难采取行动了。这个叫做“牢笼”,在投资时的“牢笼”会给合理的行动造成很大的障碍。即使是将所有的金融资产全部存入银行，这个也可以称为“牢笼”。因为这是由于讨厌不确定性，而放弃了获得“一般奖励”的机会。

我们必须要将自己从这个“牢笼”中解放出来。为了减少因感情而产生的“牢笼”的影响，我们的任务就是制定与具体行动相联系的“计划”。

“牢笼”使得我们的视野缩小。冷静下来能看到的事物，会因为被困住而看不见。视野窄了的话，我们的行动就变得困难了。因此尝试着改变视角吧，如果像下面这样试着改变的话，视野会得到扩展。

逆向思维

投资中，人们倾向认为“价格下跌是坏事”。遇到“股价大幅下跌”等类似的新闻，即使没有进行投资，心情也变得沉重起来。这个时候只要稍稍转换一下思维，试着想一下“价格下跌是好事情”，那么就会有“价格下跌正是低价购买的好时机”这样积极的想法冒出来。

思考投资的意义

比起遥远的将来，我们更容易优先考虑眼前的利益。正因如此，才会随着市场价格的波动悲喜交加。这时考虑一下自己所做的事情有什么意义吧，如果可以再次确认是为了将来而开始投资的话，应该就能明白没有必要在意现在的价格波动。

如果思考意义的话，被过去业绩好的产品困住的可能性也会变小。试着从赚钱的角度脱离出来思考一下“持有这个产品有什么意义呢”？除了“能挣多少钱”这个标准以外，通过第 28 页中提到的“为了整个社会”等基准，应该也可以注意到有股票、基金等选择。这样的话也就不容易受到大众流行趋向的影响。

明白了自己所做的事情的意义的话，即使不与他人采取同样的行动，也不会增加不安感。不与他们采取同样的行动就感到不安，正是因为对自己行动的意义的不自信。

和感情友好地相处

感情是我们自身的东西，绝不是什么坏东西。不能压制它，而是要和它友好地相处，要避免和感情不必要的正面冲突。

我们有着“追求确定性”的感情需求，追求一种安心感，没有必要否定这种感情。为了尊重追求安心感的感情，我们要提前思考一下通过什么形式来确保安全。

让自己行动起来

我们喜欢维持现状。因为如果采取行动造成不好的结果的话，就会后悔，所以为了不后悔而选择了不行动。“迟迟不出售价格上涨的股票”、“价格下跌时，不能斩断损失”，就是这个原因。

一旦想到行动的结果会对我们自身带来很大的影响，我们就变得谨慎了，无论怎样都要维持现状的心情变得强烈，我们也渐渐丧失了行动能力。想要更容易行动起来的话，应该怎么做呢？

这时，试着将行动分成小单位。整体的行动算作10步的话，将其分解成一两步。10步的行动需要很大的勇气，但是如果只是1步的话，就算失败，之后也可以弥补。将行动分解成小单位的话，一个判断带来的影响也更小，这样就能够更容易行动起来了。

现在，可以一边使用之前提到过的视角转换方法，一边联系到具体的行动。我也是在扩宽视野看事物后才降低了“牢笼”带来的影响，找到了与具体的行动相联结的方法。这种方法就是接下来介绍的“即兴投资法”。

3-3“即兴投资法”的特征

◆ 使用“即兴投资法”和感情友好地相处

不受感情的影响持续地进行投资，就可以不依赖预测也能取得一定的成果。以长期分散投资的方法为基础，谁都有机会获得“一般奖励”。即使没有特别的知识和经验，只要知道如何减小“感情牢笼”所带来的影响，我们就可以在投资中获得收益。

一边和感情友好地相处，一边又能确保“一般奖励”的方法就是“即兴投资法”（“即兴”就是所谓的“即兴表演”的“即兴”）。

“即兴投资法”有着宽松的规则。在这种规则下，随着情况的变化，做什么都由当事人自由地决定。虽然舞台的整体故事情节已经决定了，但是在每一个场景中，都允许演员们即兴发挥。主演当然就是你，就像通过故事和即兴这两个要素使舞台变得有趣一样，通过一定的规则和随机应变的应对，也可以使得投资成为灵活性好、收益高的事情。

“即兴投资法”的特点就是:重视“整体方针”与“个人判断”的调和，并不强迫依循定好的做法，也不是完全放任随性的形式，它是规律中包含自由的方法。虽然你所属的组织，作为一个整体，有着明确的方针，但如果同时也尊重你的意见的话，你就可以心情愉快地进行投资活动。“即兴投资法”就是为你提供可以愉悦地进行投资的环境。

◆“即兴投资法”的特征

特征 1：灵活性

“即兴投资法”可以灵活地应对发生的各种情况。价格下跌时自不用说，同时可以应对价格上涨。不管发生什么样的状况，掌握这种状况下最合适的选择，就是”即兴投资法”基本的思考方式。

特征 2：有规则

受到感情的影响，我们容易“高价购买、低价出售”。如果不提前制定好规则，很容易受感情左右。“即兴投资法”因为事先制定好了一定的规则，所以受感情左右的可能性就小了。

特征 3：不依赖预测，针对具体现象采取措施

预测会产生“牢笼”效应。在“即兴投资法”中，并不依赖类似“之后价格会上涨”、“之后价格会下跌”等预测。不是基于预测，而是针对发生的现象采取行动。竹岛先生就不是预测价格的下跌，而是下跌后采取相应的行动。

特征 4：不仅考虑增加资产，还考虑使用的情况

“即兴投资法”，并不仅仅考虑增加资产，也要考虑使用的情况。很多

人只是一味地考虑增加资产，但如果不会使用的话还是没有任何意义。使用资产时，也可以从众多选项中选择最佳的使用方法。对投资的所有情景都进行考虑，是“即兴投资法”的特征。

特征 5：选择适合自己的方法

“即兴投资法”并不是用严格的规则束缚你。只要理解了约定好的事情，“即兴投资法”认同你自由的想法。不管是想要安全运行还是积极运行的人，不管是年轻人还是老年人，都可以选择与之相适应的方法。

特征 6：温和性

只要进行投资，避免不了会遇到价格下跌的情况。不管什么时候，“即兴投资法”都准备好了对策。考虑到回避损失的感情进而对行动进行准备，将行动分割成小的单位，这样我们行动时感受的压力就变小了。

特征 7：易于持续

“即兴投资法”只需要通过简单的手续就能够持续下去。虽然竹岛先生分散购买股票，但一次手续只需要花费 5 分钟的时间。学习和减肥最困难的就是坚持，投资也一样。

特征 8：愉快

“即兴投资法”并不强制使用某一种方法，而是尊重每一个人的做法。100 个人就有 100 种不同的做法。发现新的方法，或者通过努力活用各种方法，投资自然变得很愉快。

◆ 像使用手机一样熟练使用“即兴投资法”

迄今为止，很多人都提出过各种各样的与投资相关的感情。特别是行为经济学[※10]的研究，为本书的撰写提供了参考，但是为了对客户的投资负责，仅仅有理论是不够的。为了减少感情对投资的影响，具体应该采取什么行动呢？很少见到针对这个问题的回答。

为了减少感情的影响，有建议说要“好好地坚持自己的想法”，但即使是这样，普通人还是无法做到。这是典型的“语言的巨人，行动的矮子”。能够拥有完全不受他人行动影响的信念，并在投资中获得收益的，肯定能成为世界名人吧。

即使参考了一郎选手的技术，也不可能马上就成为职业选手而大放异彩。我们需要的不是什么特殊的方法，而是谁都可以实行的方法。

坐在电车上环绕四周，很多人都盯着手机屏幕。现在这已经很平常，但是10年前根本看不到这样的场景。手机在不断进化，查询新闻、电车时刻表是很正常的，连股票交易和拍卖都可以做到。因为手机的普及，确实也产生了一些新的问题，但是手机能够被接受，还是因为其利要大于弊。技术的进步为我们带来了确确实实的好处。

金融世界中，技术也在快速地进步。谁都可以以低的成本买卖股票，个人也可以使用衍生工具[※11]购买金融产品，但是还只是一部分人在利用，并且利用的也不一定适当，目前还没有达到像手机那样无论谁都能够安心使用的情况。

我和金融结缘已经13年了。在这期间我一直在思考“有像手机一样谁都可以使用的投资法就好了”这样的问题。于是找到像手机一样谁都可以熟练使用的方法，就是“即兴投资法”。运用简单的规则，连金融危机都可以应对。你想熟练掌握它吗？

回答当然是“YES”！那么开始我们的第2部分吧！

※10 见第154页“术语解析”。
※11 见第154页“术语解析”。

PART 2

学习
“即兴投资法”

Chapter 4

熟练运用四种资产板块

4-1 三步精通“即兴投资法”

◆ 精通“即兴投资法”的三个步骤

为了实行“即兴投资法”，必须要有“即兴力”。所谓“即兴力”，就是指在与感情友好相处的同时，又能够针对环境的变化，特别是资产的价值波动，进行应变的能力。竹岛先生购买价格下跌的股票，这并不是听从了我的建议，而是掌握了“即兴力”的竹岛先生依靠自己的判断，做出的行动。

由于“即兴投资法”的原则很简单，所以像竹岛先生这样，没有专门的有关资产投资知识和经验的人，也能够熟练掌握。按照三个步骤进行学习的话，每个人都有可能掌握这种方法。

第一步：掌握基本技术

演员想要登上舞台，必须先掌握身体和声音的运用方法等表演所必需的基本技能，投资也一样。那么投资中必需的基本技能是什么呢？

为了获得“一般奖励”，我们基于长期分散投资的手法，熟练运用“日本股票”、“日本债券”、“外国股票”、“外国债券”四种资产板块。就如第2章第1节中所讲的那样，在考虑长期分散投资时，要按照“了解具有代表性的资产的特点”→“组合资产”→“长期持有”的顺序进行思考。

其中特别重要的是“了解代表性的资产的特点”。想要熟练地运行四种资产，必须要了解每一种资产的特点。当多个成员协力做某件事时，事先了解每个人的性格会很有效果。投资也是一样，事先了解资产板块的特点也会使得投资更便利。

每种资产的特点都可以用“风险与回报”来表达。高风险高回报的资产就是指价格波动剧烈，但是有大额回报的资产。股票之类的就是这种资产（第21页中，表达为“油门”）。低风险低回报的资产就是指虽然价格波动较小，但回报不高的资产，债券等就是这种资产（第21页中，表达为“刹车”）。

掌握了演技，就能够在舞台上表达自己想要传达的东西。同样在理解了风险与回报的关系后，明白如何运行四种资产板块，你就能够以自己期望的风格进行投资。

第二步：设定整体故事情节

我们既是演员又是编剧，我们有必要自己设计自己演出的故事。

如同舞台有剧本一样，投资也有剧本。刚开始投资的时候，我们采取谨慎的态度，当资产有了一定程度的增加后，我们转换为积极的态度。之后，持续一段时间的积极运行，当临近资产使用的时期时，我们又再一次调整运行风格。

投资的时期可以分成“刚刚开始的时期”、“持续运行的期间”以及“使用资产的时期”三个阶段。像这样明确了投资的整体剧本，也就能确认自己目前所处的阶段，并针对阶段特点采取相应措施。

第三步：为无法预料的事态做准备

舞台上，要按照剧本内容推进，只要掌握了基本技能，理解了整体故事就足够了。但是在投资这个舞台上，无法完全按照剧本所示进行推进。投资中肯定会遇到预想不到的事情。这时如果受到感情的影响，不能冷静行动，舞台就乱七八糟了。为了避免这种情况的发生，我们必须做到无论发生什么事情都能够应对。

应对无法预料的事态，可能感觉很困难。如果发生几个必须要应对的事情，针对所有的事情进行准备确实很难，但并不需要担心，因为在投资中，没有那么多必须要应对的事情。基本上只是针对价格上涨、下跌等价格波动做出应对就可以了。就像竹岛先生一样确认发生价格下跌的情况后，实行事先准备好的行动。虽说是即兴，但也并不需要什么特别的行动。

◆ 为什么要从难的地方开始呢？

学习英语、体育运动、钢琴的时候，都是从简单的开始，一步一步地升级。投资也按照同样的方法进行就可以了。

但是在投资时，不知为什么如此简单的事情却无法实行。没有事先准备就开始股票投资和外汇投资的人不在少数。没有基本的技术，没有设计整体的故事，也没有针对无法预测的事情做准备，这样怎么会成功呢？这就感觉似乎是故意要从难的地方开始。

俗语说“欲速则不达”，即使焦急，结果也不会变好，想要获得成果就需要花时间。按照三个步骤一步一步地进行吧。

接下来我们一起来学习掌握“即兴力”的三个必要步骤。步骤一“掌握基本技术”在本章讲解，步骤二“设计整体故事情节”在第 5 章，步骤三“为无法预料的事态做准备”在第 6 章。读完第 2 部分的时候，你就应该做好站在投资舞台上的准备了。

4–2 理解四种资产板块

◆ 了解风险与回报

在本书中，使用了四种资产板块（日本股票、日本债券、外国股票、外国债券）作为投资工具。想要熟练地使用工具，就必须要了解这些工具的特点。

投资的特征用风险与回报来表示。风险与回报的关系，用一句话来说就是“想要得到什么，就要付出相应的代价”。回想一下“天下没有免费的午餐”、“不入虎穴焉得虎子”等谚语吧。

也就是说“保证本金，又高回报”的事情是没有的。想要实现不同一般的资金增加的话，就会有损失的可能性。如果真的“保证本金,又高回报”，那绝对是欺诈。如果真有如此好的事情，他们自己运行就好了，何必介绍给其他人呢？

了解风险

风险就像一个长有几只脑袋的怪物一样，只看其中一只脑袋根本无法完整地描述它。如果我们想要真正战胜这头怪物，就需要对它进行全面的研究。

通常,风险与回报的关系如图 4-1 中所示，横轴表示风险，纵轴表示回报，用点进行表示。高风险高回报的资产（股票等）在图的右上方。低风险低回报的资产（债券等）在图的左下方的位置。

图4-1 风险与回报的关系

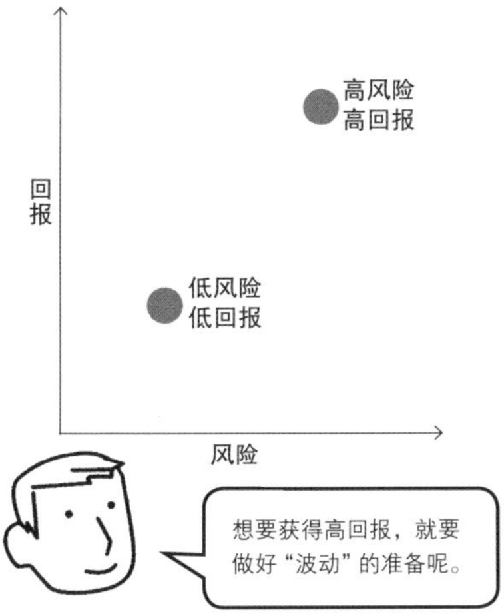

回报就是收益。100 万日元(约 8 万元人民币）一年后变为 110 万日元（8.8 万元人民币）的话，一年间的回报率就有 10%。

风险又是什么呢？有人将风险理解为“本金减少的危险性”。作为日常用语来说是没有错，但是在金融领域中的风险并不是这个意思。在金融领域中，风险就是“波动”，并没有损失或者收益的意思。而且这种波动能够用数字进行表示，这是重点。

不能用数字表示的波动叫做危险（danger），它和风险（risk）不同。怪兽从东京湾登陆叫做 danger，台风从东京湾登陆就叫做 risk。台风登陆的可能性，以过去的数据为基础，可以用数字进行表示，但是非常遗憾，有关怪兽并没有过去的数据。

对于能够获得长期数据的资产，由于其价格波动留有记录，所以其风险可以用数字表示。股票、债券一年间的变动幅度，通过过去的数据，可以锁定在一定的范围内。虽然这不是对股价预测有帮助的信息，但是既然已经开始了资产投资，就必须提前了解信息。

我们知道风险与回报有着一定的关系。比较股票与债券，股票的风险要比债券高，但与此相应，从长远看，股票的回报要大于债券。风险越大，回报也就越大的关系是成立的（理由在第 2 章第 2 节中已经学习过了）。通过了解风险与回报的关系，我们就能够自由熟练地运行四种资产板块，自己开辟投资的道路。

不要把鸡蛋放在一个篮子里
投资需要分解风险，以免孤注一掷失败后损失巨大。

◆ 了解代表性的资产的特点

了解了风险与回报的关系，接下来我们针对投资中的四个板块来把握风险与回报的关系。

“日本股票”仅粗略计算，在东京证券交易所第一市场部上市的公司就有 1700 家以上。1700 家公司的股票，凭一个人的力量想要分析，是无论如何也分析不完的。但是如果考虑“日本股票”这个资产板块，就能够将“日本股票”作为一个整体看待，如同某一个公司的股票一样。

我们不能明确回答到底将资产板块分成多少是最好的，在本书中采用了将资产板块分为“日本股票”、“日本债券”、“外国股票”、“外国债券”这四种的分类方法，针对这四个板块进一步把握风险与回报的关系。限定可用工具的数量，对我们来说也是方便的事情。

四种资产板块的风险与回报如图 4-2 所示。所谓“期待回报”就是指长期持续投资的情况下，每年可以期待的回报率。价格上涨为胜，价格下跌为败,“胜率”是指 10 年间持续投资的情况下胜出的比例。“年最大损失”表示一年中有可能的最大损失。

图4-2 各资产板块的期待回报与风险

	期待回报	胜率	年最大损失
日本股票	7%	6胜4败	△50%
日本债券	1%	10胜0败	0%
外国股票	7%	6胜4败	△50%
外国债券	5%	7胜3败	△25%

（注：期待回报为扣除手续费后的数字）

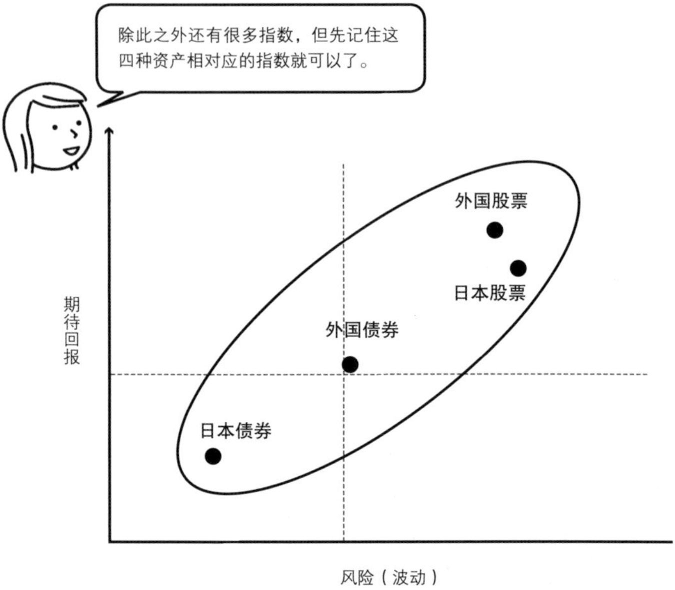

通过图 4-2，有关日本股票，我们可以得到以下信息：

- 可以期待年平均 7% 的回报率。
- 10 年的投资中，资产增加的年份为 6 年，减少的年份为 4 年。
- 最坏的情况下，一年下跌 50%。

如图 4-2 所示，类似于日本债券的资产风险低，可以期待的回报也小（低风险低回报）。日本股票、外国股票风险高，可期待的回报也大（高风险高回报）。

[注：风险与回报是根据过去的数据计算得出的。所以使用不同时期的数据得出的数字也不同。无论对过去数据进行怎样正确的分析，也不能够预测将来。图 4-2 中的数字并不是对过去数据的简单利用，而是在把握将来风险的基础上计算得出的。]

图 2-2（第 23 页）中使用的是扣除手续费前的数字，但是图 4-2 中的期待回报是扣除手续费后的数字。在继续阅读本书时，请以图 4-2 的数字作为参考。

◆ 组合资产

了解了四种资产板块的风险与回报后，接下来思考它们的组合。分散投资多种资产是长期分散投资的原则，虽然本书使用的资产有四种，但因为怎样组合都可以，所以最终的组合会有很多。这样一来熟练运用就会变得困难，所以我们主要使用这四种模式。

进行组合时需要记住两点："提高股票的比例的话，风险和期待回报也会提高"，"提高外国资产比例的话，风险和期待回报也会同时提高"（减少比例时则相反）。基本的模式有以下四种，按照风险由小到大分别为：保守型、安定型、平衡型、积极型（如图 4–3）。

图4–3 四种基本模式

	期待回报	资产分配	类型	风险（胜率）
Ⅰ	年1%	日本债券 100%	保守型	几乎没有 （10胜0败）
Ⅱ	年3%	日本债券50% 外国债券50%	安定型	小 （8胜20败）
Ⅲ	年5%	日本股票25% 日本债券25% 外国股票25% 外国债券25%	平衡型	中等 （7胜3败）
Ⅳ	年7%	日本股票50% 外国股票50%	积极型	大 （6胜4败）

第三种"平衡型"就是将四种资产平均地进行组合。期待回报为四种资产的平均值，即 5%[（7%+1%+7%+5%）÷4=5%]。胜率为 7 胜 3 败（实际操作中，由于资产的相互关系，风险也会下降）。

首先记住这四种基本的模式，熟练了以后就有可能再创造其他模式。

我们已经理解了四种资产的风险与回报，以及各组合情况下的风险与回报。需要注意的是这个数字只不过是大致目标，期待回报为 5% 并不说明每年资产都会增长 5%。有年增长 15% 的情况，年下跌 20% 的情况自然也会有。将这些平均起来，大体能得到一年 5% 的增长。

◆ 重视历史的分量

本书提出了“日本股票”、“日本债券”、“外国股票”、“外国债券”等股票与债券的组合。股票与债券给人的印象是很老的东西，与此对应，最近有意见提出使用房地产、商品（黄金、石油、粮食）等的组合更好。

此外,“外国股票”、“外国债券”里的“外国”指的是所谓的“发达国家”（对此，也有意见指出应该包括 BRICs* 各国：巴西、俄罗斯、印度、中国）。

虽然知道提出这些意见的理由，但我是反对的。我认为一般人进行投资时，还是以传统的股票和债券为中心为好。我们的出发点是尽可能不依赖预测，我们的做法是不受一时价格波动的左右，获取“一般奖励”。因此我们参考的不仅仅是业绩良好时的数据，还要包括业绩低迷时的数据。由于我们有“从过去预测将来的倾向”，所以不能只关注好的事情。

从这一方面考虑，我们还不能将房地产、商品、BRICs 各国的股票和债券等资产作为工具使用。因为历史还很短，这次金融危机爆发的一个很大的原因就是认为短期的价格上升会长期持续。因为相信了美国房地产市场的良好势头而将资金投入，最终产生了泡沫。BRICs 等国的股票价格上涨很快，但我们也应该清楚地知道这种状态并不会长期持续。此外市场规模小，价格的波动会剧烈，同时容易受到特定组织或个人的操作。

房地产基金、BRICs 各国的股票、债券随着时间的推移，也会慢慢累积历史的分量。受到这次金融危机的影响，数据也有了变化，过一段时间之后再将它们作为投资对象，也是来得及的。

---

* BRICs，金砖四国，由美国高盛投资银行的经济学家创造的词，把巴西（Brail）、俄罗斯（Russia）、印度（India）和中国（China）四国联系了起来，“BRICs”发音与砖块（bricks）相似，故称为“金砖四国”。

4-3 用指数基金来确保"一般奖励"

确保平均点数的基金

我们通过组合四种资产板块，可以创造出各种各样的风险与回报的组合。那么究竟具体怎样实行呢？到现在为止，我们一直都在围绕资产板块的话题，没有涉及具体产品的话题。即使讲到“外国债券”，人们也不会一下子就明白，到底选择什么产品好呢？

在这样的情况下，指数基金发挥了作用，所谓指数就是“平均点数”。我们应该听到过新闻的最后，主持人播报的“日经平均股价[※12]”与“东证股价指数 (TOPIX)”，这两个就是日本股票代表性的指数。

指数基金是基金的一种，其运行业绩和指数相关。因为指数基金是以平均指数为目标的基金，所以既得不到平均点数以上的运行业绩，也不会得到平均点以下的运行业绩。

指数基金的优点之一

为什么指数基金对即兴投资有效呢？这是因为指数基金就是我们所说的资产板块本身。我们在考虑“日本股票”这一资产板块时，有必要表示其价值波动，这就是日经平均股价与东证股价。也就是说日经平均股价和东证股价是将日本股票这一资产板块看做一只股票时的股价。如果可以购买日经平均股价和东证股价的话，也就等于投资了“日本股票”这一资产板块。

※12 见第 155 页“术语解析”。

因为指数基金与日经平均股价和东证股价是联动的，所以如果能够购买这样的指数基金，就能够得到和投资“日本股票”相同的效果。

购买指数基金就等于投资了资产板块，这是很方便的。我们不用再为选择基金而烦恼。记住了四种资产板块的风险与回报，之后只要买入与资产板块联动的指数基金就可以了。图 4-4 显示了四种资产板块对应的具有代表性的指数作为参考。

第 2 章中的图表，就是以这些指数数值为基础制作的（所有指数都以日元为基准。有关日本股票的，使用 TOPIX 东政股价指数）。

图4-4　四种资产板块对应的指数

资产板块	代表性指数
日本股票	日经平均股价、TOPIX东政股价指数
日本债券	花旗集团日本国债指数※13
外国股票	MSCI-kokusai
外国债券	花旗集团世界国债指数（除日本）※13

◆ 指数基金的优点之二

指数基金第二个优点就在于，它可以期待得到平均点以上的运行业绩。你肯定觉得奇怪，指数基金是以平均点为目标的，为什么可以得到平均点以上的运行业绩呢？如果是学校的成绩，平均点就只是平均分数。获得平均分数的学生的成绩排名是不会在前面的。为什么指数基金却可以呢？

存在以平均点为目标的指数基金，与此对应也有以超过平均点为目标的基金，这就是主动基金。主动基金使用各种手法，将获得平均点以上的成绩作为目标。由于是专家进行操作，所以感觉可以得到好的结果。

※13 见第 155 页“术语解析”。

不过从长期来看运行业绩的话，运行业绩超过指数基金的主动基金并不是很多。有调查显示，10 年间也就只有 1-2 成可以超过。为什么会这样呢？

正如本书第 41 页专栏里所述，“奖励”的总额是已定的。这其中谁都有可能得到“一般奖励”，但想要得到超过“一般奖励”的“特殊奖励”的话，就必须做些特别的事情，而且如果有人得到了“特殊奖励”，就意味着有人的“奖励”会相应地减少。

因此主动基金的平均运行业绩和指数基金的运行业绩大体一样。主动基金中有运用良好的也有不好的，如果将其全部加起来进行平均，其运行业绩和市场的波动几乎相同。

到目前为止都没有考虑成本的问题。但是实际运行中会产生成本。为了调查和分析主动基金，要花费人员开支等高额成本。与此相反，指数基金几乎不用花费人力成本。只要使用与指数关联的方案，并进行管理就可以了。

作为参考，图 4-5 显示了投资以股票为中心的基金，投资者需要支付的手续费。

图4-5 股票基金主要的手续费

	主动基金	指数基金
购买手续费※14 （购买时必须支付）	3%	1%
信托报酬※14 （持有时必须支付）	1.6%~2%	0.6%

（注：也存在不需要手续费的基金）

※14 第见 155 页“术语解析”。

去除成本后运行业绩相同的话，选择成本低的那个，我们最终拿到手的金额就会多。因此，成本低的指数基金要比一般的主动基金有更好的运行业绩。

你可能会想“只要找到即使有高额费用但运行业绩好的主动基金就可以了吧”。但是怎么找呢？考虑找到涨幅超过平均收益水平的主动基金，就如同考虑得到“特殊奖励”一样。

不可能有使所有的主动基金都超过平均点的运行。当然越过成本的障碍，获得平均以上收益的主动基金是存在的，这个也是事实。金融机构就是对外展示这样的基金并向你推荐。如果可以的话，确实也想购买这样的基金。但是无论再怎么观察过去，它还是不会连接未来。超过平均点以上的基金确实存在，但是那是无法事前预测的［如同获得 3 亿日元（大约 2300 万元人民币）彩票奖项的人确实存在，但是什么号码会中，事先不可能知道］。

活用指数基金也就是说不追求平均以上的运行业绩，而这样做的结果，却能得到平均以上的结果，很不可思议吧，但这个方法多少还是会受到“感情牢笼”的影响。投资的世界测试着我们人类的感情，想要赚钱的心情强烈的话，就会离赚钱越来越远。相反，如果远离赚钱的话，又会靠近赚钱（当然什么都不做肯定不会赚钱，花费本书中提到的工夫还是必要的）。

当然，我没有打算否定将“特殊奖励”作为目标，想要超越平均的心情是自然而然的。确保了“一般奖励”后，请务必挑战一下，但想要得到特别的东西的话，首先要牢牢抓住普通的东西，请务必记住这一点。毕加索正是因为掌握了优秀的基本技术，才能创作出《格尔尼卡》这样具有独创性的作品。请千万不要搞错了运作的顺序。

比较指数基金与主动基金，有主张指数基金优势地位的说法。但是就像之前所说的那样，即使是使用指数基金，如果只是在价格上涨时购买，也是得不到“一般奖励”的。并不是因为指数基金就可以期待好的运行业绩。为了发挥指数基金的实力，减少感情影响的“即兴投资法”是不可或缺的。

[注：与指数基金相似的产品有“ETF”(交易型开放式指数基金)。ETF在与指数联动这一点上与指数基金相似，但是它和股票一样以市场价格买卖，这是其特征。本书中，作为资产板块对应的商品，主要介绍了指数基金，但ETF也是很有效果的商品，特别在成本方面具有优势。因为没有足够的时间介绍ETF，本书中以指数基金为中心进行讲述，这并不代表ETF比指数基金差。尤其在本书中提到指数基金时，也包含有ETF，这一点请理解。不过重要的是，我们不是讨论指数基金和ETF哪个更好，它们都是为了得到“一般奖励”的手段，理解这一点比什么都重要。]

Chapter 5

使用投资组合创作“故事”

5-1“故事”由三部分构成

◆ 编故事要从高潮开始

我们已经了解了四个资产板块的特点，并可以通过改变资产的组合，根据自己意愿调节风险的大小。至此，第一步“掌握基本技术”已经结束，现在我们进入第二步——“设定整体故事情节”。由此开始的故事要根据自己的能力进行设计。

一说起“设定整体故事情节”什么的，就让人感觉多了些压力。但是其实没有必要想得太难，就像要跟朋友讲一个段子一样就可以。要讲段子，你会怎么做？一般是最开始想一个“笑点”，然后连着那个“笑点”展开故事吧。舞台上、电影中的故事创作也一样，我们看的故事往往是以相反的顺序创作出来的。

试着将这个故事的创作方法应用到投资中吧。我们努力进行投资的时候也是按照“确定高潮”→“确定展开”→“确定开场”的顺序进行思考的。那么在投资中的“高潮”、“展开”、“开场”到底是指什么呢？

确定高潮

在投资当中，相应的高潮到底是指什么呢？那是指我们持续进行投资得到的结果。

可能会有人想：“投资的结果？那当然是钱啦。”确实，“增加金钱”正是投资的目的。那么“增加金钱”就是高潮吗？现在让我们来设想一下这样一个情况，设定一个目标金额，然后假定达到目标金额的。

设定资产的目标额为 1 亿日元（约 800 万元人民币），假定你已经达到目标金额。这样你就迎来了投资的高潮了吗。1 亿日元（约 800 万元人民币）这个数目实在很有吸引力，也许有人对此已经十分满意了。这时问题出现了：

问题 4

你拥有1亿日元（约800万元人民币）的金融资产。你将如何运用这些钱呢？这里暂时假设完全没有利息。

如果每个月使用 50 万日元（约 4 万元人民币），1 亿日元（约 800 万元人民币）在 16 年 8 个月（200 个月）后就会变为零。

虽说是 1 亿日元（约 800 万元人民币），可是出乎意料地很快就没了。这样还是无法放心使用。

好不容易有了钱，如果还是不能放心使用的话，这个故事还不能以一个“幸福、快乐至永远”的童话结局收场，而且这在现实生活中也司空见惯，在日本很多上年纪的人，即使拥有很多资产，也不会轻易用掉。

资产只有有效地使用才有意义。有再多的财产如果不能使用，就没有任何意义了。要说为什么不能用，那就是因为没有“增长”的趋势。像现在的日本持续低利率的话，那么即使有钱也几乎得不到什么利息。因为钱没有增长，所以在花钱上也不能随心所欲。像这样仅仅设定目标金额增加投入的话，是无法迎来心满意足的高潮的。

那么金钱具体处于怎样的情形，我们才能获得快乐的结局呢？

试着转换一下视角。我们是为了什么在努力进行投资的呢？所谓“努力进行投资的意义”又到底是什么呢？

考虑意义是什么，就会注意到我们所追求的并不是金钱的绝对数额，我们想得到的是“安全感”。我们追求的是不用太在意金钱，也能做想做的事这种状态。

对于我们来讲，所谓的幸福结局就是“可以放心花钱的这种状态”。为了可以放心地花钱，就要一直不断地增加金额。目标并不是1亿日元（约800万元人民币）这样具体的金额，而是不断产生钱的这种“状态”。目标不是have（持有），而是be（是）。（这个想法是我的朋友加藤幸弘在他的著作《掌握高明使用时间的方法》中介绍到的）。

如果钱能一刻不停地增多，我们就可以放心使用了。资产产生新的金钱这件事关系到是否能放下心来。这种钱生钱的状态，正是我们追求的高潮。

至于增加多少钱，这因人而异。本书中以5%为基准，因为通过长期的分散投资，可以合理得到的“一般奖励”水平为每年5%。“一般奖励”在我看来，就是生活在现在这个世界中的我们可以得到的“合理的报酬”。

确定展开

我们的故事高潮是“使金钱保持增加的状态”。那么怎样才能达到这个高潮呢？

问题在于“每年增加5%，需要承担一定风险”这一点。为了得到每年5%的利润，可以使用平衡型的组合来进行投资，但是像2008年记录的那样，这种组合也会有一年贬值25%的情况发生，出现这种情况的话，那么根本就不能平稳持续地运用资本。如果不能持续运用，就不能达到我们所期望的高潮。怎样才能平稳持续地运用资本呢？

这时“人的感情以本金为基准”这个事实就发挥作用了。我们运用资本的时候，向来重视与本金的比较。假设开始投资100万日元（约8万元人民币），在暂时升值到200万日元（约16万元人民币）之后，又贬值到150万日元（图5-1①）。也许在升值到200万日元的时候停止投资就好了，但比起本金资产还是有所增加，所以通常不认为这是投资失败。但是资产如果成了75万日元（约6万元人民币）的话，那就另当别论了（图5-1②），投资者情绪就会波动。人的感情是以本金为基准波动的。

图5-1 被本金所左右的感情

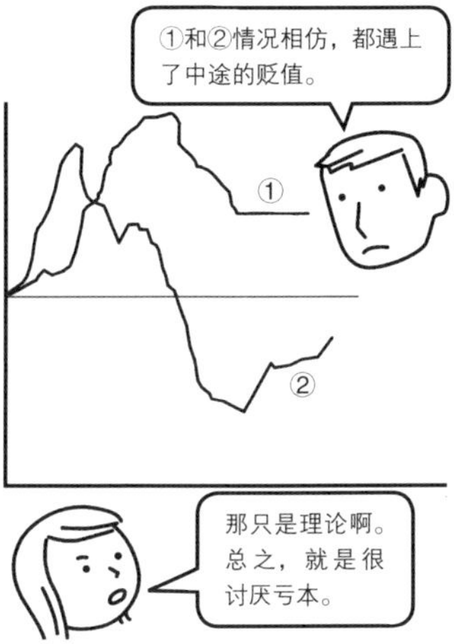

那么试着巧妙利用这种感情吧。以平衡型组合进行投资，假设平均一年产生25%的最大贬值。假设本金为400万日元（约32万元人民币），一年以后贬值25%，为300万日元（约24万元人民币），这样要继续投资的话，情况不容乐观。但是如果在400万日元（约32万元人民币）升值到600万日元（约48万元人民币）之后，再贬值25%，成为450万日元（约36万元人民币），因为与本金相比还是升值了，那么应该可以不用担心而继续进行投资。

要使投资到达高潮，需要使资产与本金相较有所增加。增加自己的资产，形成“内心的从容自在”，这样即使贬值也能坦然面对。这种“从容自在”、和有钱人的状态是一样的。如果是有钱人，钱稍微减少一点也不会在意，所以可以进行高风险的投资，长远来看可以使资产增加。

如果是以平衡型组合进行投资，那么当前的目标就是将资产增加1.5倍。以本金为100万日元来计算，资产达到150万日元的话，即使贬值25%，还是112.5万日元。这样，因为可以保持大于本金，所以应该能够持续进行投资。

确定开场

现在我们已知的是，为了达到高潮需要花费时间增加本金。接下来要考虑的是，怎么顺利地确定开场。

可能会有人这样想：“基本上来说，要平衡地进行投资，只需要从最开始就用平衡型的组合。那么特意再考虑开场没有什么意义。”

从理论上来考虑,确实是这样,但是,像问题3(第30页)中看到的那样,以平衡型进行投资,如果很快发生了很大的贬值那会怎么样呢?应该没有心情继续进行投资了吧。在开始的时刻就以年增长5%为目标,风险性过高。在最初的阶段,必须要面对大的贬值,避免资产大幅地减少。

因此在开场的阶段就要努力一边避开贬值的影响,一边慎重地增加资产。虽然这么说,但要用“日本债券100%”这种保守型,资产是很难增加的,所以要采取“日本债券50%+外国债券50%”这种安定型的组合,以每年3%的回报为目标。

目标是将资产增加10%,在增加后马上换成平衡型。因为本金已经增加了10%,所以即使因为变更为平衡型后风险增加,还是可以承受一定程度的贬值的。增加了10%,即使像这次金融危机那样贬值了25%,那么110% ×75%=82.5,与本金相比减少了17.5%,但是如果每年可以增加5%的话,那么3年半就可以收回成本,还是可以勉强运行的吧。

以上,通过从高潮向回追溯的办法,我们要努力的方向得以明确,那么迎接高潮所必须的时间要多少呢?

在开场阶段以“慎重运用,使资产增加10%”为目标。至此大概需要4~5年的时间。

故事展开时的目标是“平衡型投资,使资产增加15%”。增加10%的资产,然后以每年5%的程度进行投资的话,到资产增加到1.5倍大概需要6年的时间,所以在这个阶段距离开场的时间已经经过10年。

如果资产增加到1.5倍,应该就可以放心迎接故事高潮的到来了。继续以平衡型进行资产的运用,一边以每年5%的速度(平均)增加资产,一边想使用的时候就使用资产。要是可以达到这种状态,那么不管是景气还是不景气,不管股票市场是熊市还是牛市,应该都可以不用在意地花钱。

5-2 通过再平衡控制风险

风险在我们意识不到的地方发生变化

我们以“高潮→展开→开场”这样的流程设计出了完整的故事。在开场的阶段，使用以债券为中心的资产组合，但在此之后以平衡型的组合为基本。本书基本的思考方法是，通过平衡型组合，以切实得到年5%程度的“一般奖励”。

有一点必须要注意：虽然在平衡型组合中是将资产平均投资到四个板块中，但是一旦投资之后就不能弃之不顾。

假设以平衡型组合进行400万日元（约32万元人民币）的投资，那么就是在4个资产板块中各投入100万日元（约8万元人民币）。虽然实际上不太可能存在，让我们姑且这么假定，因为某些原因“日本股票”突然急速地升值，价值变成了2倍，而其他3项资产中完全没有发生变化，那么4个资产板块中的金额变化如下所示（以下均没有考虑手续费）。

日本股票：100万日元→200万日元[100万日元 ×2]

日本债券：100万日元→100万日元（没有变化）

外国股票：100万日元→100万日元（没有变化）

外国债券：100万日元→100万日元（没有变化）

总计：400万日元→500万日元（约40万元人民币）

价值变化结果：4个资产板块的比例变化如下。（图5-2）

日本股票：25%→40%[200万日元 ÷500万日元＝0.4]

日本债券：25%→20%[100万日元 ÷500万日元＝0.2]

外国股票：25%→20%[100万日元 ÷500万日元＝0.2]

外国债券：25%→20%[100万日元 ÷500万日元＝0.2]

在这个例子中，资产由 400 万日元增加到 500 万日元，这还不能高兴得太早，因为资产总体的风险性增大了。伴随着日本股票的升值，股票占全体资产的比例达到 60%（日本股票 40% + 外国股票 20%）。如果股票一直升值还好，如果股票大幅贬值的话，就会造成意想不到的损失。

图5-2 不知不觉中，比例发生变化

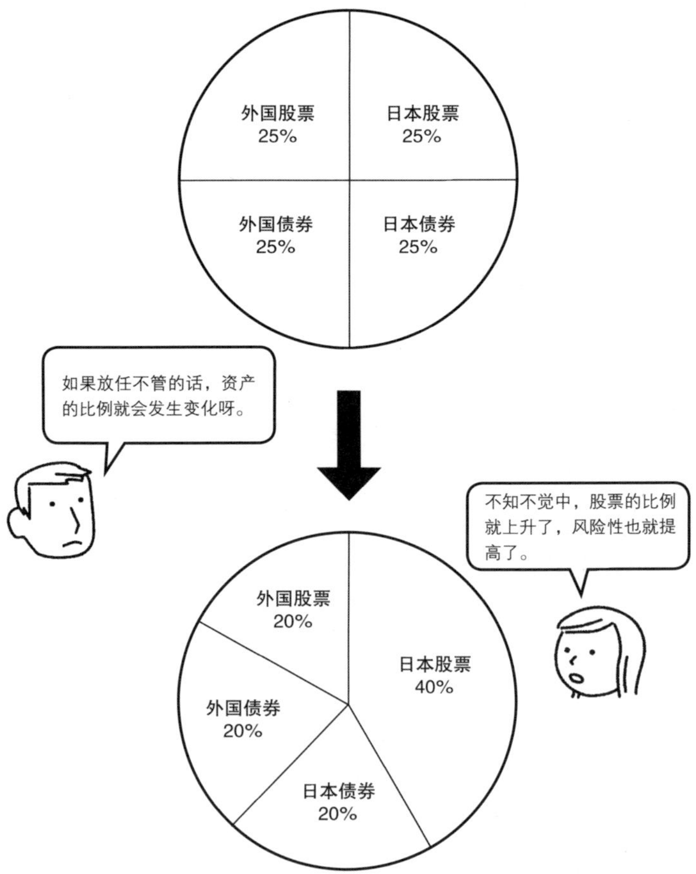

持续进行投资，根据价值变动，在不知不觉中风险性也会随着发生变化。如果任由风险性变化，那么价值变动的影响会和预期有所不同。

◈ 再平衡及其效果

于是，再平衡就成为了必要。所谓的再平衡是指资产的组合发生变化时，使其返回原来的比例。日本股票的比例变大，就减少其所占比例、增加其他资产的比例，回到开始那一时刻的设定。

再平衡的目的是使风险性保持一定。我们不能控制回报这个结果，我们能控制的仅仅是风险性。

如果能控制回报那会很让人高兴，但这只是个不切实际的空谈。如果真能那样的话，每个人就都能成为有钱人了。在投资的世界中不能控制回报，就如同在体育的世界中不能控制胜负一样。

假设职业运动员和高中生进行比赛，比赛开始前，职业队和高中生都有获胜的机会。虽说是职业队，但也不可能在赛前就控制结果。尽管如此，大部分情况下还是职业队会获胜，这是因为职业队能更好地控制风险性。职业队有技术和经验作保证，可以有效利用不确定的因素使之对自己有利。所以胜利这个结果也显而易见。

在已知“可以控制的只有风险性”这个事实，现在来介绍具体的再平衡的方法。资产总体变为 500 万日元，如果要返回开始时刻的比例，那么每一个资产板块的金额为 125 万日元 [500 万日元 ÷4 ＝ 125 万日元]。这时需要进行如下工作：

日本股票：出售 75 万日元

[200 万日元 −125 万日元＝ 75 万日元]

日本债券：买进 25 万日元

[125 万日元 −100 万日元＝ 25 万日元]

外国股票：买进 25 万日元

[125 万日元 −100 万日元＝ 25 万日元]

外国债券：买进 25 万日元

[125 万日元 −100 万日元＝ 25 万日元]

通过这些工作，四个资产板块都变为 125 万日元，比例各为 25%，返回到开始时刻的平衡型组合。

在这个例子中，卖掉升值了的日本股票，买入价值不变的日本债券、外国股票、外国债券。比较四个资产板块，就会发现我们卖掉的是相对价格高的板块，买入的是价值较低的板块，这是投资的一大原则——“卖高买低”。再平衡正是基于这一教诲的行动。

正如本书中数次强调的那样，“卖高买低”实行起来非常困难，因为我们受感情的影响。

日本股票升值，全体资产增加的时候，一般不会去考虑卖掉日本股票。因为日本股票形势看好，说不定还会考虑新买入日本股票（因为人类有通过过去推测未来的倾向）；但是，因为这会增加风险性，之后很有可能会遭到“报应”。如果知道再平衡这种想法，就可以避免感情的影响。虽说购买正在贬值的资产确实需要勇气，但是如果知道再平衡这种思考方法的话，就可以冷静对待。

将资产分成若干份进行资产运用，随着时间的推移，资产的比例会发生变化。因为每个资产的价值变动不同，所以这种变化是不可避免的。在第 2 章第 2 节介绍的图中，以再平衡为前提（假定每年 1 月 1 日进行再平衡），如果不进行再平衡，资产偏移会引起风险变化，所以就很难得到最初预想的投资结果。

再平衡不仅仅只在平衡型组合的时候使用。在开始阶段的“日本债券 50%＋外国债券 50%”中进行投资时，也会由汇率的变动引起两个板块的比例变化，这时也要进行再平衡，将风险保持一定。

进行再平衡时的问题点

再平衡是为了控制风险所必要的工作，但实际上进行再平衡的操作时，会遇见各种各样的问题，具体会有怎样的问题呢？

花费工夫

再平衡花费工夫。像上文的例子中一样，在总资产额中要计算出各种资产应该有的金额，使各自比例不发生变化。在例子中，假定只有日本股票升值，但是实际上 4 个资产都会分别产生变化。使用“指数基金”进行投资的情况时，每个资产模块就仿佛是买卖基金，计算和手续都很麻烦。

花费税金和手续费

还存在税金和手续费的问题。针对与开始时刻进行比较，比例下降的资产板块（第 71 页的例子中，是日本债券、外国债券、外国股票）要通过增加购买资金使组合恢复到原来的状态。这时，如果需要手续费，那么就必须掏出那一部分费用（如果不需要手续费，就没有这种问题）。另外，如果是卖出收益型的资产，那么针对这部分收益还要缴纳税金（如第 71 页的例子中，日本股票的卖出收益就要缴纳税金）。每次进行再平衡都会花费一部分费用，所以如果频繁地进行再平衡，那么反而会给运行业绩造成负面的影响。

这里提出的问题将在第 3 部分中给出解决的方法。现在要记住的是：再平衡虽然是必要的，但是要做到在实行过程中不给运行业绩造成影响这一点是很难的。

5–3 投资组合的一生

◆ 投资组合也有一生

我们设计出整体的故事，关于再平衡的手法也有了初步了解。那么当我们要专心进行投资的时候，让我们沿着由开始到高潮这个时间的流程，来试着确认整个故事。

如第 5 章第 1 节中所说的那样，投资的故事由“开场”、“展开”、“高潮”三个部分构成。那么让我们给每个阶段分别起个名字吧。构成“能剧”[*1]的三部分通常用“序、破、急”[*2]来表示。“序”对应开场，“破”对应展开，“急”对应高潮。也就是随着序→破→急这样前进，故事也渐渐被推向高潮。我们把这三个阶段分别称为“序的阶段”、“破的阶段”、“急的阶段”。三个阶段分别处于以下位置。

序的阶段：为了以后提高风险的准备阶段

破的阶段：将风险保持在一定水平的阶段

急的阶段：为了使用，调整风险的阶段

序的阶段

序的阶段是“为了以后提高风险的准备阶段”。如果从最开始就以高风险进行投资，那么很有可能遭遇大的贬值，所以要一边避免受贬值的影响，一边以增加资产为目的。这时可以采取“安定型投资组合（日本债券 50%＋外国债券 50%）”。“序”这一阶段的目标是要在 4~5 年后使资产增加 10%。原则上在增加资产之后要改换成平衡型。

---

*1 能剧是一种日本传统戏剧类型，表现超现实世界，主角通常是超自然的英雄化身。
*2 组成“能剧”的基本戏剧结构，即序言、解释、结尾。

图5-3 投资组合的一生

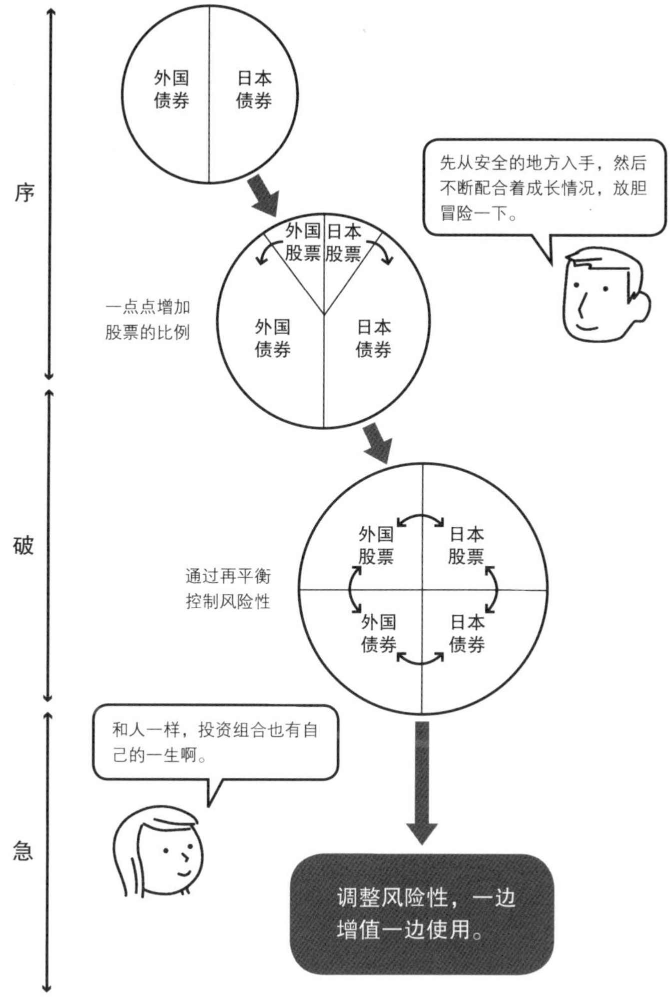
序
外国
债券
日本
债券
先从安全的地方入手，然后不断配合着成长情况，放胆冒险一下。
外国
股票
日本
股票
一点点增加股票的比例
外国
债券
日本
债券
破
外国
股票
日本
股票
通过再平衡控制风险性
外国
债券
日本
债券
急
和人一样，投资组合也有自己的一生啊。
调整风险性，一边增值一边使用。

破的阶段

破的阶段是“将风险保持在一定水平的阶段”。在本金增加10%这一时刻，股票的比率增加，之后要将风险性控制在一定程度。针对价值变动，要通过再平衡进行调整。资产的组合以“平衡型（日本股票 + 日本债券 + 外国股票 + 外国债券各25%）”为基本。

价值变动并不剧烈的时候，半年一次或者一年一次进行再平衡应该比较好。如果价值变动比较剧烈，那么有必要频繁地进行再平衡。投资进行顺利的时候，也不能忘记进行再平衡。这样不断反复，那么之后随着时间的流逝资产也会不断增加。

急的阶段

急的阶段是“为了使用，调整风险的阶段”。形成生钱的“状态”，以“使钱变得好用”为目标。

在急的阶段，虽然基本上也要和破的阶段一样继续采用平衡型组合来进行投资，但是也不一定要拘泥于此。使用平衡型，可能会有大的贬值的情况发生，所以想避免贬值的时候就要降低风险性。在急的时期，只要是达到那种自己可以放心用钱的状态就好。

三个阶段中资产的组合用图表示的话，如图5-3所示。

这就是投资组合的一生。投资组合的一生和人的一生很像，序的阶段对应“青年期”，破的阶段对应“中年期”，急的阶段对应“成熟期”。就像从孩子成长为大人，开始挑战、冒险一样，投资也是开始要安全地运行，然后一点点提高风险性。

既然选择运行股票和债券这种有价值变动的资产，那么就不能避免一些偶然的因素。在价值高的时候开始投资，在价值低的时候停止投资，这样失败的可能性就会变大。但是价值高还是低，刚开始是不知道的。经过一定的时间之后，才会注意到“原来那个时候是价值最低的时候啊”。时间这种偶然的因素是100%不可能避免的。

但是，像我们这样把整个故事设计出来的话，那么可以将偶然因素的影响变为最小。因为把投资分为三个阶段，各个阶段都确定好目标，一时的价值波动很难对感情造成影响。基于这种方法，不管在什么时间开始投资，都会取得一定的成果。

认清你手上的股票

你杀掉的那只鸡，其实可能是最能生蛋的那只鸡，只不过你看到它时，它正在休息。
你抛掉的那只股，其实可能是最能生钱的那只股，只不过你在观望的某些偶然，它在贬值。

Chapter 6

时刻准备着应对无法预料的事态

6-1 等候着你的突发事件

◆ 有东西在等候已经开始进行投资的你

我们已经掌握了投资所必需的一些基本技能，并且设计了整个故事。那么尝试着实际运用这些学到的东西吧。同竹岛先生一样，在 2007 年 12 月以 400 万日元（约 32 万元人民币）为本金，你开始投资（注：下文中都没有将手续费考虑在内）。TOPIX、美元、欧元的走势，分别如图 6-1、图 6-2、图 6-3 所示。

•2007 年 12 月

开始投资最初的 4~5 年相当于“序的阶段”。目标是一边抑制风险，一边将资产增加 10%，所以以安定型的组合“日本债券 50%＋外国债券 50%”开始进行投资，虽说外国债券存在着汇兑的风险，但是以这个组合进行投资的话，还是有希望获得年 3%的利息。如果保持年 3%，进行 4 年投资，那么有可能实现 400 万日元（约 32 万元人民币）增长到 450 万日元（约 36 万元人民币，增长 12.5%）的目标。

资产增加 10%后,开始转换成平衡型组合进行投资。之后进行再平衡，控制风险性。这样通过花费一定时间来增加资产这个计划，你的投资就正式拉开帷幕了。

•至 2008 年 9 月上旬

开始进行投资后的一段时间内，汇率基本上保持稳定。虽然美元对日元的汇率不断上涨，但这种程度的汇率变化还是比较常见的。股票价格也有所下降，但变动幅度并不是很大。这一阶段不改变方针，像以前一样，以“日本债券 50%＋外国债券 50%”的组合继续进行投资。

图6-1 TOPIX 的走势

(2007年5月–2009年5月)

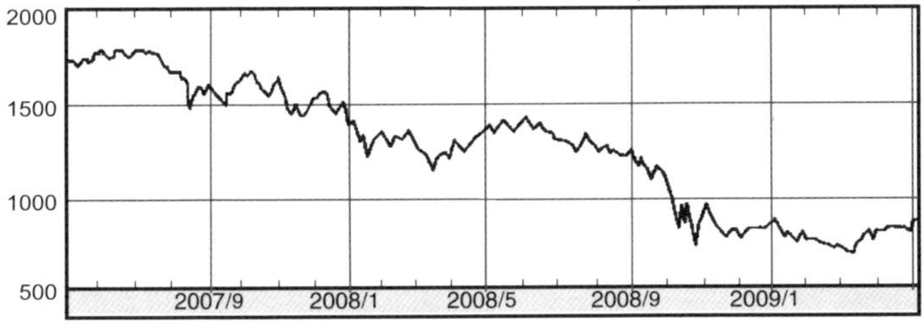

图6-2 美元的走势

(把1美元用日元表示　2007年5月–2009年5月)

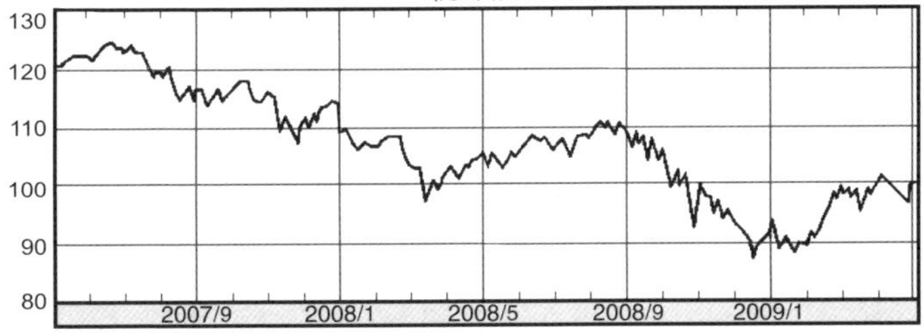

图6-3 欧元的走势

(把1欧元用日元表示　2007年5月–2009年5月)

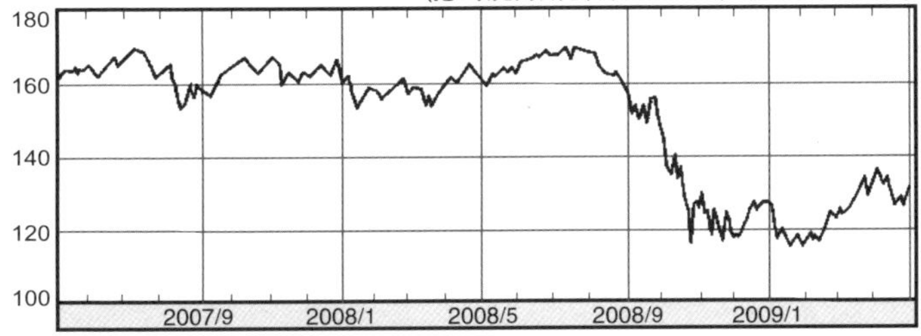

●2008 年 9 月 15 日以后

然而，在 2008 年 9 月 15 日，美国的大型债券公司雷曼兄弟宣布破产，自此情况发生急剧变化。"雷曼冲击"使股票低迷,日元汇率高的态势不断发展。

在大约 1 个月之内，美元兑日元由 110 日元（约 8.8 元人民币）下降到 90 日元（约 7.2 元人民币），欧元由 150 日元（约 12 元人民币）下降到 120 日元（约 9.6 元人民币），下跌约为 20%，日本股票价格也大幅下跌，你的资产也难逃大幅的变化。虽然资产中并不包括股票，不会受到股票价格下跌的影响，但是占资产 50% 的"外国债券"贬值了约 20%。"日本债券"的 200 万日元不发生变化，而"外国债券"减少为 160 万日元。资产总额变为 360 万日元，本金减少了 10% [（400 万日元 −360 万日元）÷400 万日元 ×100% =10%）]。

在电视、报纸上不断重复说这次金融危机是百年一遇，仿佛世界末日一样。股票继续下跌，TOPIX 在 2008 年 10 月 27 日泡沫之后的最低价纪录是 746.46（之后，在 2009 年 3 月 12 日以 700.93 刷新最低价）。

那么，问题来了——

问题 5

2007年12月以400万日元为本金开始投资，9个月之后遭遇到金融危机。资产减少为360万日元。股票的价格大概还会持续下跌。这时，你会继续进行投资吗？是选择停止投资呢？如果继续的话，具体要怎么做呢？

这正是竹岛先生曾经面临的问题。

◆ 用行动来应对突发事件

在投资这个舞台上你不知道会发生什么，它不会按照固定的剧本在舞台上进行，各种各样的突发事件会不断地袭击你。而且你不可能从这些突发事件中侥幸逃脱，必须要灵活地应对这些突发事件。

金融危机就是一个很大的突发事件。虽然我们已经学习了有关风险和回报的知识，也了解了再平衡的方法，但是仅靠这些还是无法做出应对。处于资产急剧贬值的状态，人们就会不安地想：是否会继续贬值呢？想从损失中逃脱的想法也变得前所未有地强烈。这是开始投资之后遇到的第一次暴跌，也是最大的突发事件。现在你正面临着这个最大的危机。

遇到突发事件时，我们必须要注意恐慌情绪。一发生预想以外的事情，就会变得心烦意乱，无法作出正确的判断，所以需要使情绪稳定下来。那么怎样才能让情绪稳定下来呢？

对失去冷静的人说“镇定”，只会起到反作用。听说汇款诈骗的受害者对阻止自己的人会说：“被骗也无所谓了，快点帮我汇钱。”在这种状态下，如果劝说“冷静下来”，只会增加其焦虑情绪。

心烦意乱的时候，讲道理是没有用的，重要的是行动。身体和心连在一起，所以进行确定的行动也会让心情平静下来。运动员通常会做相同的动作，是因为知道做确定的动作会有让自己沉下心来的效果。突发事件发生的时候，要进行事先准备好的行动。

对于这种想法，也会有人提出质疑：“不知道会发生什么才是紧急状态。像这次金融危机，几乎没人能作出预测。所以根本不可能事前准备对策。”

要说无法预测金融危机的发生时间和影响，确实是这样。关于金融危机的原因，在危机前能作出预测的人也几乎没有。

事前预测“什么时候发生金融危机”、“金融危机的影响有多大”，这在事实上是不可能的。大灾害的发生时间和破坏的规模是无法预知的。

那么，就是说既然无法预测大灾害的发生，什么都不做就可以了吗？当然不是这样。即使不能预测时间和影响，如果事先准备好在大灾害发生之后要做什么，那么就可以把破坏控制在最小范围内。投资也一样，事前准备好在突发事件发生后要做什么，这很关键。

有台风、地震、火灾等各种各样的灾害，要一个一个去准备确实够受的。幸运的是，金融危机的灾害准备就轻松多了。那是因为金融危机一定会以“资产暴跌”的形式发生。不知道金融危机的原因、时间和影响等都没有关系，只要准备好在贬值这种现象发生后可以冷静对应就可以了。

这次金融危机应该早晚都会解决，之后的一段时间内会保持景气。然后不知道什么时候又会出现泡沫，金融危机再次发生。下次金融危机是因为什么、在什么时间发生，这些问题现在不得而知，但是只要做好应对贬值的准备，就有可能渡过危机。进行长期投资时，重要的不是预测。重要的是，在实际发生某种现象时，可以事先准备好灵活应对的选择。

6-2 为贬值时购买做好“心理准备”

竹岛先生在 2008 年 9 月到 2009 年 3 月变更了投资组合，图 6-4 是将图 1-1（第 5 页）时间延长，到 2009 年 3 月的 TOPIX 的变动。竹岛先生在箭头表示的时间，增加了日本股票和外国股票的比例，减少了日本债券和外国债券的比例。

首先，他在 2008 年 9 月 15 日的“雷曼冲击”之后，9 月 18 日将日本股票和外国股票的比例各提高了 1%。之后随着股票的下跌，将日本股票的比例和外国股票的比例以每次 1%的速度增加，一共增加了 12 次，所以在 2009 年 3 月的时候，日本股票和外国股票加起来所占的比例是 24%（日本股票 12%＋外国股票 12%）。剩下的 76%是债券（日本债券 38%＋外国债券 38%）。开始时的“日本债券 50%＋外国债券 50%”的组合，在 1 年 3 个月的时间里，变化为“日本股票 12%＋外国股票 12%＋日本债券 38%＋外国债券 38%”的组合。

竹岛先生的行动有以下几个特点：

1. 提高股票所占比例，减少债券的比例。
2. 比例的变更是一点一点进行的。
3. 变更并不是定期的，而是在股票价格下跌的时候进行。

图6-4 竹岛先生购买股票的时间

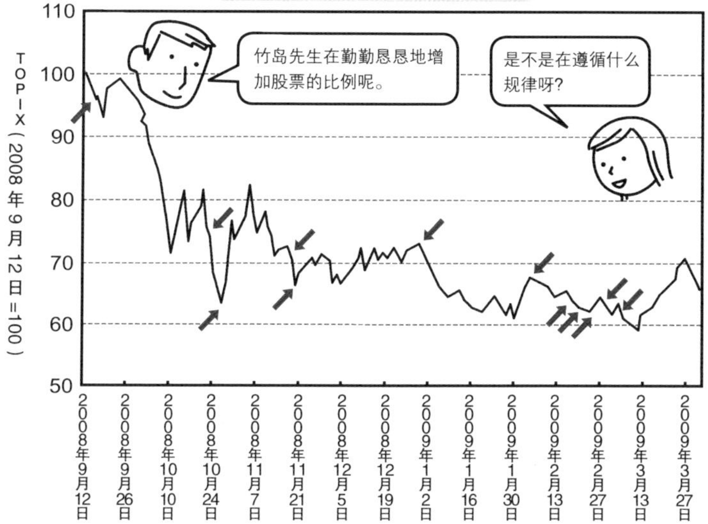

		股票		债券	
		日本	外国	日本	外国
2008年	9月18日	+1%	+1%	▲1%	▲1%
	10月23日	+1%	+1%	▲1%	▲1%
	10月28日	+1%	+1%	▲1%	▲1%
	11月13日	+1%	+1%	▲1%	▲1%
	11月21日	+1%	+1%	▲1%	▲1%
	12月29日	+1%	+1%	▲1%	▲1%
2009年	2月3日	+1%	+1%	▲1%	▲1%
	2月16日	+1%	+1%	▲1%	▲1%
	2月18日	+1%	+1%	▲1%	▲1%
	2月20日	+1%	+1%	▲1%	▲1%
	3月4日	+1%	+1%	▲1%	▲1%
	3月6日	+1%	+1%	▲1%	▲1%

“提高股票的比例，减少债券的比例”是指“购买股票，卖出债券”。在这个时间内买入价格降低的股票，就可以期待将来的升值。

虽然这么说，但是购买还在持续贬值的资产并不是一件简单的事情。那为什么竹岛先生可以购买仍在持续贬值的股票呢？

◆ 将贬值变为机会的想法

买东西的时候，“40％ OFF”的红字是非常吸引人的，但是股票即使下降40％，也轻易不会去购买。为什么进行股票投资时，即使贬值，还是很难去购买呢？稍微换个角度看一下。

你有自己想要的东西。所谓的“东西”，可以是车、电脑、爱马仕的包包，什么都行。在此以电脑为例，来考虑下面两个问题。

问题6

在店里看到一台电脑，你非常中意，上面贴着“40%OFF”的标签。这时，另一位客人说：“这个型号，又便宜了啊。”听到这句话，你就会突然丧失购买欲。因为，人们通常对购买正在降价的东西有抵触情绪。这时，你会当场买下这台电脑吗？

问题7

你从很早之前就看中一台电脑（和问题6相同）。关于它的功能在杂志上也了解了很多，在店里也看见了实物，对价格十分了解，但是因为手头原因一直没能买。然而，一天发现自己想要的那台电脑贴着“40%OFF”的红标签。这时，你会当场买下这台电脑吗？

问题6回答应该是“不买”，而问题7应该是“买”。为什么会产生这种差别呢？两个问题中都是你想买电脑。而且两个例子中电脑的价钱也相同。这时，感情因素起了很大的影响。

我们对已知正在贬值的东西，有很强的抵触情绪。你有没有在买了大件的东西后，再跑去确认东西之后卖的价钱呢？应该也有过类似的经历吧。总对自己有没有吃亏感到不安，所以不由得就想去确认。问题6中正是“不想吃亏”这种心情阻止了行动。犹豫要不要买正在贬值的股票，也是同样的心理状态。

问题 7 中，你预先详细查了自己想要的电脑的信息，确信物有所值。因为一直想要，而且想着什么时候一定要买，所以趁着降价的机会，可以毫不犹豫地买下来，这是因为将贬值变成了一种机会。问题 7 的例子，是本来就决定要买，正好趁降价这个机会，可以毫不犹豫地买下来；而问题 6 正好相反，可见感情在支配着行动。

两者的区别是“是否原来就想买”。如果是虽然一直想买，但是一直在确认价格，决定什么时候买，那么就可以将降价作为一个机会，顺利地购买。贬值不是一个危机，而是一个机会。

股票投资也可以用这种思考方法。如果是一直在确认股票的价格，本来就决定要买的话，那么即使是贬值的时候，也可以很自信地购买。不是一直担心会不会继续贬值，而是将贬值作为一个机会利用。

值得高兴的是，我们已经完成了利用这个机会的准备了。回想一下第 4 章和第 5 章的内容，我们一直在确认股票的价值。因为将股票作为投资的加速器使用，然后，将投资分为三个阶段，“破”的阶段中将股票的比例调整为 50%（日本股票 25%＋外国股票 25%）进行投资。我们本来就打算购买股票，对于已经描绘出投资全景的我们来说，是可以放心购买股票的。一直想购买的股票便宜了，这种贬值还是很受欢迎的。

至此，贬值时进行购买的“心理准备”已经完成了。改变视点，进行逆向思维，那么即使是贬值的时候，也可以不受感情影响，买“降价”的东西。

6-3 购买时机和购买金额

◆ 为什么贬值的时候不能做改变?

我们已经做好了购买贬值资产的“心理准备”，但是还有两个需要解决的问题。

持续贬值的股票，在什么时候购买比较好呢？投资中理想的模式是在价格最低时购买，然后以高价卖出。如果可以在价格最低时买进的话，那就可以不经历贬值，获得最大的收益。

但是现实是残酷的。什么时候价格最低，谁也不知道那个点。最低价在经过一段时间之后就可以知道了，所以如果抱有一丝“在价格最低时再买”的期待，最终会让机会溜走。这是“时机的问题”。

还有一个问题是，贬值的股票买多少才好呢。在贬值期间如果持续购买的话，不管有多少资金都是不够的。我们的资金不是无限的，虽然购买贬值的股票是一个很好的机会，但要投资多少来购买股票必定有一个限度。这是“购买金额的问题”。

[注：说到购买贬值的股票，可能有人会联想到“顶着买进”这个手法。所谓的“顶着买进”是指，例如一股以 1000 日元（约 80 元人民币）价格购买到的股票贬值为 600 日元（约 48 元人民币）时，再购买一股相同的股票，那么平均的购买单价就变为 800 日元（约 64 元人民币），这样在购买的股票贬值时通过增加购买的股票，降低平均购买单价，这种简单的投资手法就是“顶着买进”的手法。因为是在购买正在贬值的股票，所以符合投资成功法则“低买”，可以认为是一种有效的方法，但是在此并不推荐。因为跟随股票价格下跌，继续购买股票的话，投资金额就会不断增多，跟不上。还有一个问题是，股票的投资比例升高，风险性也会变大。]

想要购买正在贬值的股票，就要面对“时间”和“购买金额”这两个问题。因为这涉及感情因素，所以看起来并不好解决，但是如果能解决的话，危机就会变成机遇，展现在我们面前的将是一个新的世界。股票价格下跌的时候，几乎所有的人都会感到不安。如果可以冷眼旁观这种不安，为将来一步一步做好准备，岂不会觉得很痛快？因为游戏的主导权已经到了你的手里。

一点一点地购买，降价就购买

一点一点地购买

人总会有“不想损失”、“不想后悔”这样的想法。如果下定了决心要做什么，而带来的结果却和自己希望的有所不同，人们就会感到不愉快，所以这种情绪会成为一种压力，使自己很难行动起来。

要想不造成损失，最好在最低价时购买，但是在那一刻无法知道是不是最低价。为了抓住机会，只能试着购买，然后观望一段时间。但是一想到以后会不会又降价，买了会不会后悔，往往就行动不起来。一边想着“现在就是机会”，一边想着“还是等等看比较好”，这样左右徘徊、迷茫而且大部分情况下都是“等等看比较好”这种情绪占了上风，因此保持观望的状态。

我们行动不起来的一个理由是：给一个行动赋予了太多的意义。试着改变一下观点吧！如果将行动划分为一个个小的单位，行动就会变得容易起来。像竹岛先生一样，通过“一点一点地购买”，把一个行动的意义变小了。

如果一点一点地购买，每次行动的影响就会变得非常小，也就不会感觉到压力，就可以大胆地行动起来了。

降价就购买

看图 6-4，我们会发现竹岛先生总是在股票价格下降时增加股票的比例。这是为什么呢？

这是“为了更好地顾及自己的感情”。如果本来就已经决定要购买股票，那么就不会对购买价格下跌的股票有特别的抵触情绪，但是不可能没有不安。竹岛先生的情况也一样，手中持有的外国债券由于日元升值，造成损失，资产总的处于赔本状态。开始投资还没过多久，资产就发生贬值，自然会觉得不安。竹岛先生也开始担心起来，问我该怎么办。

尤其是贬值还在持续的时候，人们会担心得不得了。看到新闻上说股票价格连续几日暴跌还能沉着冷静，那才是不可思议呢。这时如果什么都不做，会感到备受煎熬。

因此不仅仅要在头脑中理解“贬值是个机遇”，还需要用行动来证明。贬值时购买股票就是这个原因。在贬值时采取行动，可以让自己对自己的做法产生信心。之后即使再贬值，也不会担心。因为我们是一点一点地进行购买，所以每次行动的影响都不会很大。如果再贬值，就再继续一点一点地购买。这样在不知不觉中，应该就可以以接近最低价的价格购买到股票。

通过“一点一点地购买”、“降价时就购买”的行动，就可以克服时间和购买金额的问题。如果抱着“贬值是灾难”这种想法，就无法如此应对。只有设计好投资的故事整体，以将来要购买股票为前提，才能在贬值时也可以冷静应对。

关于“一点一点地购买”、“降价时就购买”这种想法，竹岛先生问我：“那下降到什么程度时购买好呢？”我给他的建议是：“不要着急，慢慢地购买就可以。”“慢慢地”是个暧昧的表述，也许竹岛先生想得到的是例如“下降 20％就购买”这样具体的数字，但是在这我使用“慢慢地”这个表述是有原因的。

因为我们要面对的是“自己的感情”，最重要的是要处理好与“想避开损失”这种感情的关系。贬值之后就急着购买股票，结果随后股票价格继续下跌，这样就不太好了。在观望一段时间内，价格反过来回升也没有关系。因为虽然失去购买贬值股票的机会，但是只要按照当初的计划继续以债券的形式运用资产就可以了。因为没有经历价格下跌，所以感情上也比较轻松。

“把行动分为几步”这个想法，不单单是在贬值的时候，升值的时候也可以使用。股票价格持续上涨时，因为不知道什么时候是最高价，所以也要一点一点地卖出。

但是升值和贬值相比，感情上来说比较重要的是贬值。正是在贬值的时候,才更要注意不急不慢地开始准备,一点一点地买入。媒体（电视、报纸、杂志）一起开始煽动不安的调子时，就是机会到来了。什么时候是机会，每个人的想法都不同，试着琢磨自己的感情吧。竹岛先生就是在金融危机的影响真正确定下来的2008年10月的下半月，开始提高股票的比例。

◆ 设定上限

我们通过“一点一点地购买”、“降价就购买”的行动，可以很好地应对贬值。但如果股票的比例过高，价值波动就会变大。股票比例的上限多少比较合适呢?

我们根据情况改变资产的组合，但是原则上股票的比例最大不能超过50%（使用平衡型进行投资时）。股票与债券相比价格上升时，也会有股票所占比例超过50%的情况，但是要通过再平衡，将股票的比例控制在50%以下，也就是要设定股票所占比例的上限为50%（日本股票25%＋外国股票25%）。从投资的整体上来思考，自然就能得到上限这个问题的答案。

关于比例，有一点需要注意：我们给股票所占比例设定了一个50%的上限，但是要注意不要过早地接近这个界限。因为看见股票价格下降，就马上将其比例升高到50%，那么价格再次下降时就会感到为难。至今所购买的股票一直在贬值，加之又不能继续购买新的股票，精神上就会感到非常痛苦。不管什么时候，还是要留有行动的余地比较好吧。

本来我们就打算在 4~5 年后将股票的比例升高至 50%，所以没有必要着急。因为股票价格下跌是个很好的机会，所以要加快提高股票比例的步伐，但是要说一年就增加到 50%，确实有点过火。竹岛先生开始进行投资是在 2007 年 12 月，到 2009 年 3 月将股票的比例提高了 24%。针对股价的大幅下跌，加快了提高股票比例的速度，我认为他加快比例的步伐还是很不错的。我又给了竹岛先生以下建议：

"在一段时间内先暂时将股票的比例保持不变吧。如果股票再次下跌时不能购买，那就太痛苦了。暂时不要超过 50%的界限。也许并不能很好地利用这个界限，但是无须担心。因为如果股票价格上涨，投资成果就会变好，就可以继续安心地进行投资了。"

50%的界限就像是一个缓冲物。当我们的情绪受到冲击时，它可以帮我们将冲击力减弱。股票价格下跌时要好好利用这个缓冲物，虽然前提是 4~5 年时使用这个界限，但是也没有硬性规定。既可以每年将股票的比例增加 10%，5 年后变为 50%，也可以一直通过债券进行投资，在资产增加 10%的时候一下将股票的比例提高到 50%。"即兴投资法"尊重每个人自己的想法。

股票价格下跌时是增加股票比例的好机会，但是要注意一年内增加股票的比例不能超过 20%，尽量不要在短时间内达到规定的界限。重要的是不论什么时候都要保持内心的从容，避免手头拮据的状态，时刻做好可以行动的准备，这是"即兴投资法"成功的关键。

我们应该都知道竹岛先生行动的目的。在设定的整个故事之外，如果可以一点一点地行动，那么即使发生贬值，也无须担心。

6-4“即兴投资法”的效果

◆ 确认“即兴投资法”的效果

在投资开始之时，关于投资的方法，竹岛先生和我做了以下几个约定：

- 最初要以债券的形式开始投资，如果股票和汇率没有大的波动，在资产增加10%的时候，将股票的比例提高至50%。
- 股票价格下跌时，在下跌之后，要一点一点地增加股票的比例。增加股票比例的时候，要一边考虑上限额度，一边慢慢地进行。
- 在股票价格上升的时候，不要急于增加股票的比例，优先考虑将本金增加10%。
- 因为和自己感情的调和非常重要，所以是否变更比例，要一边考虑故事全体，一边由竹岛先生自己决定。
- 实在不知道的时候，由两人商量决定。

像这样，“即兴投资法”仅仅是一些简单的规则。可能你会想“这么简单，真的没关系吗”？那让我们一起来确认一下它的实际效果吧。

竹岛先生在 2008 年 9 月到 2009 年 3 月期间一直在增加股票的比例。将竹岛先生购买的日本股票换算成 TOPIX，平均值大概是 810。因为在开始投资的 2007 年 12 月末，TOPIX 为 1475.68，所以成功地以便宜 45%的价格购买到股票。另外关于外国股票，是以比 2007 年 12 月末便宜 55%的价格买入的（指数为 MSCI-kokusai 日元 base）。看之后的变动就能发现与竹岛先生购买的平均价格相比，TOPIX 增值约 12%，外国股票增值约 18%（2008 年 6 月 1 日）。

这就是使用“即兴投资法”的效果。虽说金融危机造成了股票价格暴跌，但是每次价格下降时都提高股票所占比例，这样就以较低的价格买入了股票。资产总体本来处于赔钱状态，但是在这将危机转化为了机会，我认为这是一个好的开端。

竹岛先生是在投资刚开始就遇到了金融危机，所以采取了提高股票比例的应对方法。如果没有发生金融危机，那就应该继续以债券为中心进行投资。“即兴投资法”的特征就是可以根据情况随机应变。

我们不知道股票价格将会怎样变动，但是竹岛先生做好了应对各种情况的准备。如果股价下跌，就以 50% 为上限，进一步提高股票所占的比例。反过来，如果股价上升，那么就保持股票的比例，等待以低价购入的股票升值。不管是升值还是贬值，如果几年后资产可以增加 10%，那就达到“序”这一阶段的目标了。此时，要将股票的比例提高到 50%，进入“破”的阶段。

你怎么评价竹岛先生的努力呢？你不认为竹岛先生胜算很高吗？

◆ 价格上升的应对方法

至此，我们介绍了资产价格下降时的应对方法。那么资产价格上升时，应该怎样应对呢？

竹岛先生以债券为中心开始投资，在股票价格下跌时，一点一点地买入股票。那么价格上涨时，可以试着反过来思考。以债券为中心开始投资，股票价格上涨时，一点一点地卖出股票。经过一段时间后将股票所占的比例减少，逐渐转为平衡型的组合。

从理论上讲，这种方法是有效的，但是将资产 100% 以股票的形式进行运行的话，风险性太高。如果在投资的最初时间就遇到价格的暴跌，那么可能会造成不可挽回的损失。考虑感情因素，这一点我是不推荐的（如果具备某个条件，也可以 100% 以股票的形式进行投资。请参考第 135 页案例分析）。如果是想长久地进行投资、获得“一般奖励”，还是以债券为中心慎重地开始投资比较好。

持续升值的时候必须要小心注意的一点是：购买价值升高的资产时绝对不要一味追求价值升高的资产。以债券为中心进行投资的期间（序的阶段），即使有股价上涨这样的事，也不要着急提高股票所占的比例。而是要在资产增加10%以后，慢慢地提高股票的比例（尽量要在价值下跌的时候提高股票的比例）。

有人讨厌错过股价的上涨，那怎么才好呢？这时就需要“尽早地”、“一点一点地”提高股票的比例。稍微提高一点股票的比例，然后观望一段时间。一年内增加的限度和价格下跌时相同，最多控制在20%以内，不要一下子将股票比例提高上来。真正开始实行时，要像竹岛先生那样，尽量和专业的理财顾问商量（和专家交往的方法请参照第149页）。

在“序”的阶段日元升值时的对应

竹岛先生以“日本债券50%＋外国债券50%”的组合开始投资。之后因为股价急剧下跌，开始提高股票的比例，但是如果股票价格没有下跌，日元不断升值，那该怎么办才好呢？将资产增加10%是“序的阶段”的目标，但如果在开始的阶段日元升值，“外国债券”的价值就会下降，可能会达不到这个目标。在开始阶段就摔倒了，那么之前所说的故事就无异于“镜中花、水中月”。

我们一起来确认一下利用安定型（日本债券50%＋外国债券50%）进行投资的成绩吧（图6-5）。假设每年1月1日进行再平衡，继续投资，那么可以看出在这个时期有大于10%的增长。2008年受到了金融危机的影响，2004年到2008年5年间的实际成绩是增加了13%。

但是这些数据都没有考虑手续费的问题，所以如果减去手续费（每年1%），可以算出2004年到2008年的5年间，资产只增加了6%。但是在第5年因为受到了日元升值的影响资产有所减少，所以在第4年后的2007年年末，资产已经增加了10%。不管看哪个阶段，开始进行投资的5年以内，资产都增加了10%以上。

因为受世界性低利率的影响，这个数据并不能确保将来的变化，但是如果以债券为中心进行投资，那么可以认为花费 4~5 年将资产增加 10% 的设想是有可能的。

图6-5 利用安定型进行 5 年资产运用

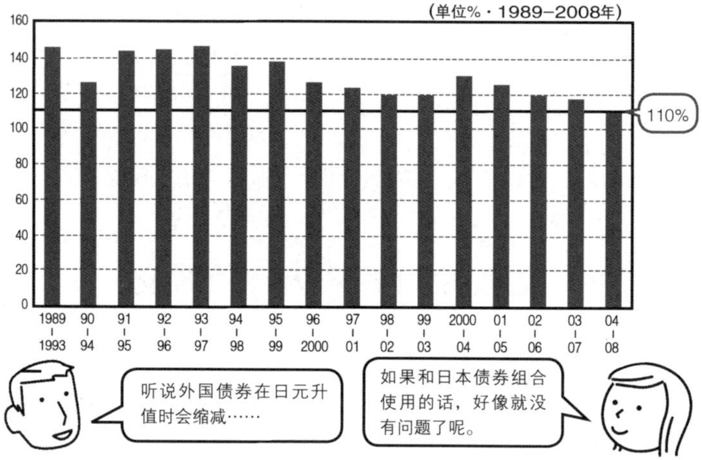

◆ 答案不止一个

至此，以竹岛先生的实际运用为例，向大家介绍了“即兴投资法”的内容。目标是在序的阶段“将资产增加 10%”，在破的阶段“利用平衡型进行投资，将资产增加 50%”，在急的阶段“一边持续进行投资，一边轻松地花钱”。我想大家应该已经看出“即兴投资法”可以根据环境的变化灵活地进行应对。

根据这个方法，序的阶段需要 4~5 年，破的阶段需要大约 6 年，进入急的阶段（也就是高潮部分）之前需要大概 10 年的时间。如果可以确保投资进行 10 年以上，那就请参照竹岛先生的做法。

所以说开始进行投资的时间越早越好。虽然这么说，如果无论如何也无法确保 10 年以上的投资时间，那应该怎么办才好呢？

那时，要通过降低风险来应对。为了持续利用平衡型进行投资，要在序的阶段增加 10%，破的阶段增加 50% 为目标。这是因为考虑了平衡型运行期间的风险。如果通过平衡型降低股票的比例，那在贬值时受到的影响会减小。准备时间也可以缩小到 10 年以下，但是要注意，因为风险随之降低，所以回报也会减少，很难保证年 5% 的增长。这时要将目标定为年收益 3% ~ 4%。

“即兴投资法”可以根据你的情况进行各种应对。“选择适合自己的方法”是“即兴投资法”的特征。掌握了“即兴投资法”，就可以轻松地制定适合你自己的特定方案。

竹岛先生的例子并不是唯一的答案。我的客人中，也有即使股价下跌也不提高股票比例，继续以债券的形式进行投资的人。这也是一种做法。我认为只要选择适合自己的方法就可以。“即兴投资法”并不是追求超越别人的优秀成果，而是注重投资人的“情绪”。只要你自己满足，那就可以了，没必要拿自己的人生去和别人的相比较。

牢牢抓住手里的好东西

买股票就像狗熊掰棒子，总有看起来表面上更诱人的棒子吸引你扔掉手里的，可又忍不住回头看。抛出去的股票又涨停了。

PART 3

“即兴投资法”的实践

Chapter

7 最适合“即兴投资法”的投资安排

7–1 最合适的金融产品通常不为人知

◆ 可以发挥即兴力量的产品

通过“掌握基本技术”→“设定整体故事情节”→“为无法预料的事态做准备”这三步，我们已经掌握了即兴的力量。那可以充分发挥即兴力量的产品是什么？

竹岛先生以每次1%的速度卖出日本债券和外国债券，同样以1%的速度买入日本股票和外国股票，如此重复进行12次。总投资额为400万日元（约32万元人民币），所以1%约为4万日元（约3.2万元人民币）。这样的重复非常费事。

第5章第2节中提到的再平衡，在实际运用中也存在问题（第77页）。操作个别股票和股票投资信托这样的金融产品，会花费一定的手续费和税金，如果增加再平衡的次数就会给运行业绩造成不好的影响，所以必要的时候也可以考虑不进行再平衡。

竹岛先生的方法不但麻烦，而且看起来也没有效率，不过事实并非如此。竹岛先生在自己家里就完成了所有资产比例的变更手续，1次手续花费不到5分钟。即使频繁进行再平衡，也不会产生税金和手续费的问题。

好像很难通过以前的常识来评价竹岛先生使用的金融产品。究竟他正在使用什么样的金融产品呢？

◆ 金融产品应具有的特征

让我们一边回顾竹岛先生的行动，一边来明确适合“即兴投资法”的金融产品应具有的特征。适合“即兴投资法”的金融产品具有以下 6 个特征：

1. 不具有专业知识和技能的人也可以进行实践。

即使没有专业知识和技能，只要理解本书所写的内容，不管是谁都可以运用自如。

2. “日本股票”、“日本债券”、“外国股票”、“外国债券”这 4 个资产板块可以自由组合。

如果 4 个资产板块可以各自适应指数基金（或者是 ETF），根据事态的变化调整比例，那会非常方便。

3. 维护手续（最好在 5 分钟以内）要简单。

竹岛先生不需要去金融机构，在自己家里就可以进行资产比例的变更。如果手续简单，投资就可以长期地进行下去。

4. 可以进行小单位的交易（例如总资产的 1%）。

即兴投资中将行动划分为一个个小单位，所以可以进行小额的交易，非常便利。要注意的是即使是小额交易，成本也不会增加。

5. 手续费和税金等成本花费水平适当。

“一般奖励”的数额是一定的，所以手续费和成本就显得非常重要。不要贪图眼前的便宜，要以长期投资为前提进行讨论。

6. 要有长期投资的筹划。

由于会因为价值下跌而停止投资，所以要有长期进行资产投资的筹划。

既然我们已经对它的特征有所了解，那就一起来看一下什么样的金融产品适合“即兴投资法”。

◈ 在窗口购买金融产品

首先思考在银行和证券公司的窗口购买“投资信托”和“保障型变额年金”的情形，分 5 种程度从 6 个方面对每个事例进行评价，并用图表的形式表示（数字越大，表示效果越明显）。

图7-1 在窗口购买基金

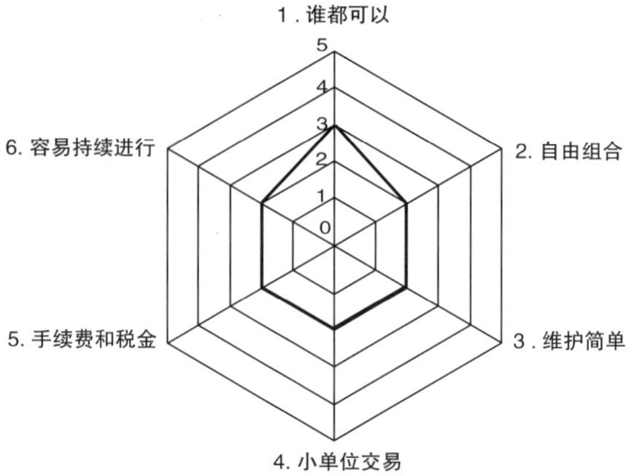

	分数	评价
1.谁都可以	3	优点是可以得到对方的解释说明，但是判断对方推荐的商品是否适合自己，这需要一定的投资方面的专业知识。
2.自由组合	2	并不是所有的资产板块都具有指数基金，所以有时候会不得不要选择主动基金。
3.维护简单	2	进行买卖时必须要到店里或者是需要和负责人面对面进行手续，所以并不是很简便。
4.小单位交易	2	基金一般1万元起可以进行交易，而实际上，买卖还是非常麻烦。
5.手续费和税金	2	需要支付购买手续费和基金报酬，税收上也没有特别的优惠政策。
6.容易持续进行	2	价值下跌的时候，没有任何保障，所以对个人心理情感会产生干扰。

购买投资信托

如图 7-1 所示，在窗口购买投资信托的优点是能够得到工作人员的说明，但除此以外，它使用起来并不方便，与“即兴投资法”的理念不相符。

购买保障型的变额年金

如图7-2所示，保障型变额年金的优点是有一定的数额保证，但是资产不能自由组合这一点与“即兴投资法”的理念不相符。过高的手续费也是一个问题。在这次金融危机中，这种类型的变额年金大部分出现被套牢的情况，在前面已经指出过（第10页）。

图7-2 变额年金（保障型）

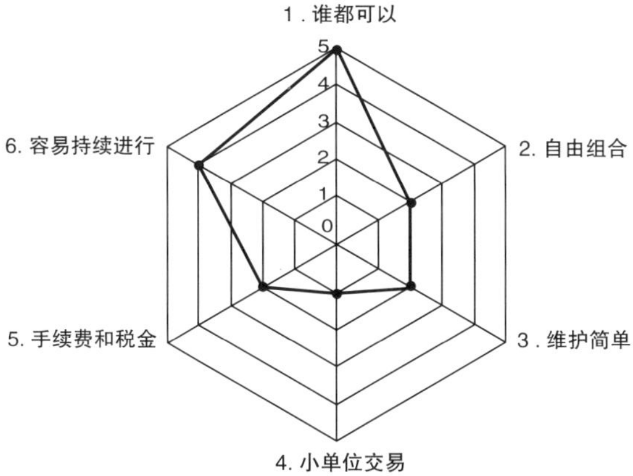

	分数	评价
1.谁都可以	5	购买后可以什么都不需要做。（几乎没有需要自己做的事情）
2.自由组合	2	因为资金是准备好的，所以原则上不可以进行资产的自由组合。
3.维护简单	2	虽然资产比例不可以自由变更，但是自身带有再平衡的功能。
4.小单位交易	1	因为资产不能进行自由变更，所以无法评价。
5.手续费和税金	2	手续费高（大约年3%）。虽然针对收益值征收的税金可以延缓，但是总体上来讲成本花费较高。
6.容易持续进行	4	即使是资产运用的低迷时期，也有一定额度的保障。（但是通常成为被套牢的状态）

◆ 通过网络购买金融产品

在银行和证券公司的窗口购买到的商品，好像并不符合“即兴投资法”的理念。那么让我们一起来研究一下网络专业金融机构（网上银行和网上证券）的问题。因为通过网络好像可以降低成本，所以说不定这种类型的金融产品有希望符合要求。

试着从图中 6 个项目来确认网络购买指数基金（或者 ETF）的效果。

购买指数基金（或者 ETF）

如图 7–3 所示，通过网络购买指数基金（或者 ETF）时，因为可以进行广泛的投资，并且手续费较便宜，有可能会产生一定效果。但是同时也存在需要具备投资知识、维护麻烦、价值下降时候无法应对等缺点。所以这是提供给那些具有投资知识，并且不介意维护麻烦的人的金融产品，并不推荐给所有人。因为没有手段来降低心理因素的影响，所以充分利用“即兴投资法”略显不足。

网络证券中通常以个别股票的交易为中心，本书中不做进一步探讨。因为进行个别股票的投资是为了得到“特殊奖励”的方法，与“即兴投资法”的理念不相符。进行个别股票的投资从难易程度上讲是比较困难的，就像轮盘赌一样，很难一下猜中数字。虽然猜中时可以获得很大的收益，但是失败的可能性也很大。购买个别股票和赌博一样比较容易理解，所以很多人被它的魅力所吸引，但是一定不能掉以轻心，要认识到自己是在做一件很难的事情。

◆“固定思维模式”束缚了我们

我们一起讨论了有关在金融机构的窗口购买金融产品和通过网络购买金融产品的情况。虽然各有优点，但是没有发现可以平衡满足“即兴投资法”六点特征的商品。

图7-3 指数基金（或者是ETF）

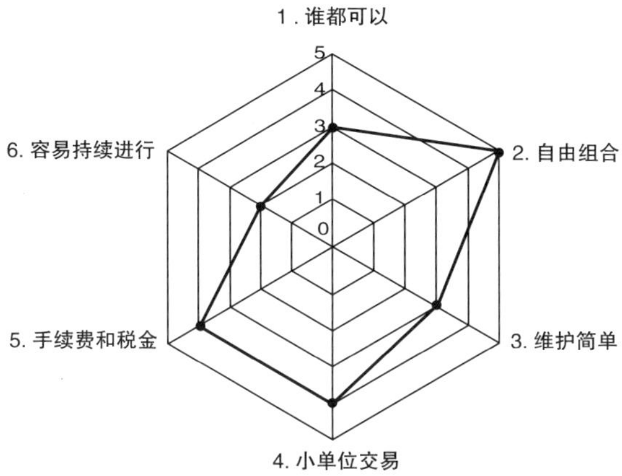

	分数	评价
1.谁都可以	3	只要有一定的电脑知识，就可以很轻松的开始，但是不能期待会有周到的建议，所以必须要具备一定的投资知识。
2.自由组合	5	可以进行广泛的资产投资，通常会备有4个资产板块的基金。
3.维护简单	3	每个基金都需要单独进行买卖，所以维护需要花费工夫。
4.小单位交易	4	几万日元为单位也可以进行交易。（但是以小单位进行买卖，花费也会随之增高）
5.手续费和税金	4	手续费（购买时的手续费和信托报酬等）较低。税收制度上并没有优惠政策。
6.容易持续进行	2	价值下跌时没有任何保证，所以对感情上的影响只能照单全收。

要找到好的商品很不容易，因为在我们的脑海中的“固定思维模式”阻碍我们得到答案，就是“投资就是要充分利用股票、债券、投资信托、外币存款等金融产品”这种“固定思维模式”。这种内心的认定非常强大，不容易摆脱。

“固定思维模式”束缚了我们。从科学上讲，血型和性格并没有任何关系，但在日常生活中，我们经常把性格和血型联系到一起。比如那种“B型血的人就会怎么样”的“固定思维模式”，让我们在不知不觉中忽略了B型血人的其他方面。

投资方面的“固定思维模式”也会引起同样的问题。思考适合投资的产品范围时，考虑范围很狭窄，所以真正可以起作用的金融产品往往被我们忽略。关于金融产品的成本，我们一起来看一下身边的一个例子。

有一种筷子，一双要卖到15000日元（约1200元人民币），很难想象吧。在小山薰堂的《想不到的启示》中对此有过介绍，据说是住在东京佃岛的一位漆工的作品，但即使是这样，一双筷子15000日元还是很让人吃惊，但是这筷子中附带有“永久保证”，如果筷子头磨圆了，他会帮你重新打磨上漆，可以持续用一辈子。当然质量也是最上乘的，据说普通筷子无法夹起来的魔芋的碎片，用它也可以轻松夹起来。可以用一辈子，而且又是最高级品，15000日元这个价格确实不高，甚至可以说很便宜。同样的东西如果可以持续使用，总体上来讲成本就降低了。比起更换20次1000日元（约80元人民币）的筷子，还是一直使用15000日元的筷子比较好。

金融产品也是同样的道理。因为交易成本比较低，所以就会通过网络证券购买指数基金和ETF。即便如此，如果频繁地购买，交易手续费和税金的花费也会增多，并不能算是一个聪明的方法。对一件金融产品一边进行维护，一边持续使用的话，总体上花费就会降低。“用东西要珍惜”这种生活的智慧也适合用于金融产品。

适合“即兴投资法”的金融产品应该像这种筷子一样，一边进行维护，一边可以长期使用。

将人寿保险应用到即兴投资中

什么样的产品可以一边不断进行维护，一边持续使用呢？将我们的思考范围扩大，就会发现有一件产品一直被我们忽视，那就是人寿保险。进行“即兴投资法”实践的时候，竹岛先生充分利用了人寿保险。

也许你会有疑问说：“人寿保险可以用于投资吗？”老实说人寿保险用于投资是非常合适的。本书中一直强调“持续投资”的重要性、持续运用性。这一点，没有产品能超过人寿保险。人寿保险本来的作用是给自己或家属的经济上的保障，并不能认为“以人寿保险的形式进行投资，那资产一增加就解约。”只要不是中途放弃，通过长期分散投资就可以期待取得较好的成果。去除了风险性，就可以得到“一般奖励”。

可以将终身保险和养老保险（详细内容请参照第115页的专栏）这种合约期长的人寿保险作为投资的“托盘”来使用。时间长的人寿保险中，去除风险性是一种明智的选择。要说成功率高的投资方法，把人寿保险看做具有一定的投资价值的观点是一种崭新的认识。

仅仅考虑投资或者保险，都不能得到这个答案。因为所有的专家只了解自己专业，对自己专业外的东西并不了解，而我一边做保险的工作，一边在学习投资，所以成功地将投资和保险这两种完全不一样的东西联系到了一起。就像“第一个吃螃蟹的人”那样，不管是谁只要由人寿保险考虑到了投资，投资也就不会显得那么特别。这就有机会让任何一个人都取得“一般奖励”。

在“即兴投资法”中使用的是“投资联结保险”的这种人寿保险，投资联结保险具备适合“即兴投资法”的金融产品应具有的6个特点，让我们来看一下吧。

◆ 投资联结保险

如图 7–4 所示，投资联结保险的 6 项都合格，可以说这是最适合“即兴投资法”的商品。（关于投资联结保险的详细内容，将会在本章第 2 节中介绍）

图7–4 投资联结保险

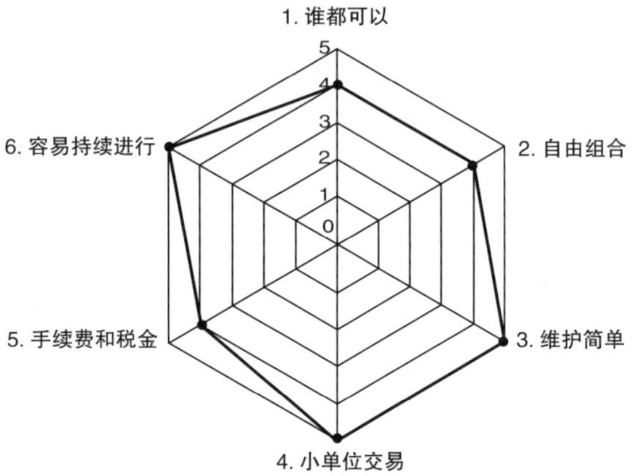

	分数	评价
1.谁都可以	3	需要具备本书内容水平的知识，最好具备电脑知识，没有也没关系。
2.自由组合	5	4个资产板块可以自由组合，但是提供的基金是有限的。
3.维护简单	3	如果使用电脑，5分钟就可以完成手续（填写文件时需要手写）。
4.小单位交易	4	可以以资产的1%为单位进行资产变更（可以通过将契约划分为小单位，将交易的单位变小）。
5.手续费和税金	4	收益额可以延期缴纳税款。变现时也有多种选择，但是要注意如果是在短期内解约，成本会很高。
6.容易持续进行	2	作为保险具有最低保证。价值下跌时也可以通过再平衡加以应对。

[注：通过在社团法人人寿保险协会主页上的确认，我们已知在日本销售投资联结保险的有 Akusa 人寿、索尼人寿、损保 Japan 向日葵人寿、Prudential 人寿这四个公司（按日语五十音顺序排列，2009 年 6 月）。本书中提到的有关投资联结保险的内容主要是参照索尼人寿的产品内容，但是介绍特定公司的产品并不是本书的目的。本书的主张是：为了取得“一般奖励”，作为实际的选项，投资联结保险的方法是有效的。因为公司不同，产品的特征也会有所不同，所以加入投资联结保险，请尽量到办理的公司去明确具体内容。]

◆ 从成本花费方面探讨人寿保险

投资联结保险是最适合“即兴投资法”的金融产品，但是将人寿保险作为投资来使用的想法可能会让你产生这样的疑问——“人寿保险为了保障会增加花费成本。为什么要负担这些多余的成本呢？不需要花费保障成本的投资信托不是更好吗？”

这样的疑问也是合理的。让我们从成本花费的角度来探讨我向大家推荐人寿保险的理由。

一般情况下，投资信托都是从购买时支付的费用中减去手续费，剩余的金额不断循环进行投资（也存在无手续费，被称为 No Load 型的投资信托）。在投资期间，信托报酬被扣除。

人寿保险的情况也基本相同。如果是一次付清，那在加入人寿保险时手续费自动被扣除，剩余金额不断循环使用。在投资期间，还会扣除一部分手续费。

开始成本花费较高，之后的负担就会减小，这一点上投资信托和人寿保险是一样的（图 7-5），但是人寿保险还有一部分费用在保障上，而投资信托就没有这个必要。

图7-5 一般的金融商品的成本花费

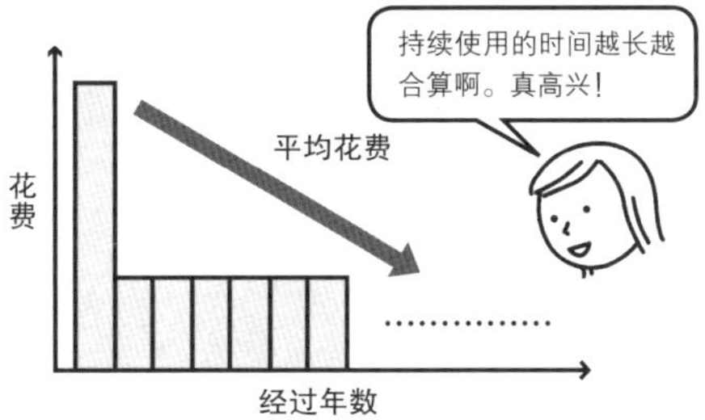

所以从投资的观点来看，在成本花费这一点上人寿保险要差一点。

但是，并不能这样简单论断。看图 7-5 就会明白，金融产品持有的时间越长，平均成本就越低。假如购买时手续费为 5%，如果连续持有 5 年，那么平均一年的花费为 1%。如果持有 20 年，平均一年只有 0.25%。就像 15000 日元的筷子一样，持续使用一件产品，成本就会相对减少。

前提是，具有“可以长期持续使用方法”的产品，在成本方面才是有利的。像前面所说的那样，投资信托不可以长期持续使用。在贬值的时候会受到感情因素的影响，而投资联结保险，如竹岛先生实际操作的那样，可以长期持续使用。具体的成本花费在第 128 页有介绍，与投资信托相比较是比较合理的。

一般来说投资联结保险要低于投资信托，即使是同样的投资信托，通过保险公司购买比起个人购买会得到更多优惠。

长期分散投资要取得成果，必须要持续进行投资。如果是投资连结保险，持续运行时间越长，成本就越低，这是“一箭双雕”。因为保障而花费的成本，也可以认为是为了得到“长期持续的方法”所必须的经费。

而 No Load 型的投资信托不需要花费购买的手续费，所以和一般的投资信托相比，成本低。如果不进行买卖的话，确实在成本花费这一点上是有利的，但是实际上为了照顾心理因素，有时候必须要进行买卖。从“即兴投资法”的理念来看，并不希望投资者只关注眼前的成本，而给自己的行动设定一些条条框框。

探讨成本投入时，重要的是同样考虑到运用时的情况。

山口小讲堂

为什么要加入人寿保险?

你是为什么加入了人寿保险呢？是为了减少疾病，还是死亡对你和家人的困扰？即使去问那些做人寿保险的工作人员，他们大概也只会像教科书上那样回答说“为了什么事情发生时可以得到一些经济上的保障”。我听到那样的回答，就觉得没劲。看到那种强调保险费是多么便宜的广告，就觉得很失望。

加入人寿保险，是为了让人寿保险公司来帮我们分担生病和死亡时不得不负担的花费。如果不加入人寿保险，就要以金钱的形式来承担自己要负的责任。如果转移一部分责任，自己也会变轻松一些。就可以挑战新事物。也就是说所谓的保险是“为了将不确定的事情委托给他人，给自己挑战新事物的机会”。真正重要的不是要加入“好的人寿保险”、“便宜的人寿保险”、“合理的人寿保险”，而是通过加入人寿保险，让自己今后可以去挑战什么。

我们知道随着经济的成长，股份公司在不断地发展，保险也对经济的成长作出了很大的贡献。例如船运贸易，遇上风暴船可能就被摧毁了，但是通过海上保险可以补偿紧急状况所带来的损失，所以就能够放心发展贸易，经济也就发展起来了。

同样，人寿保险的方法和人的成长也息息相关。加入投资联结保险取消风险性就是其中一个例子。充分讨论并加入人寿保险之后，就可以将人寿保险的事情放到一边，把精力转移到自己喜欢的事物上。

人寿保险让我们去面对新挑战，迫使我们前进。站在这个角度上看，我很高兴看见大家会认真地考虑人寿保险。

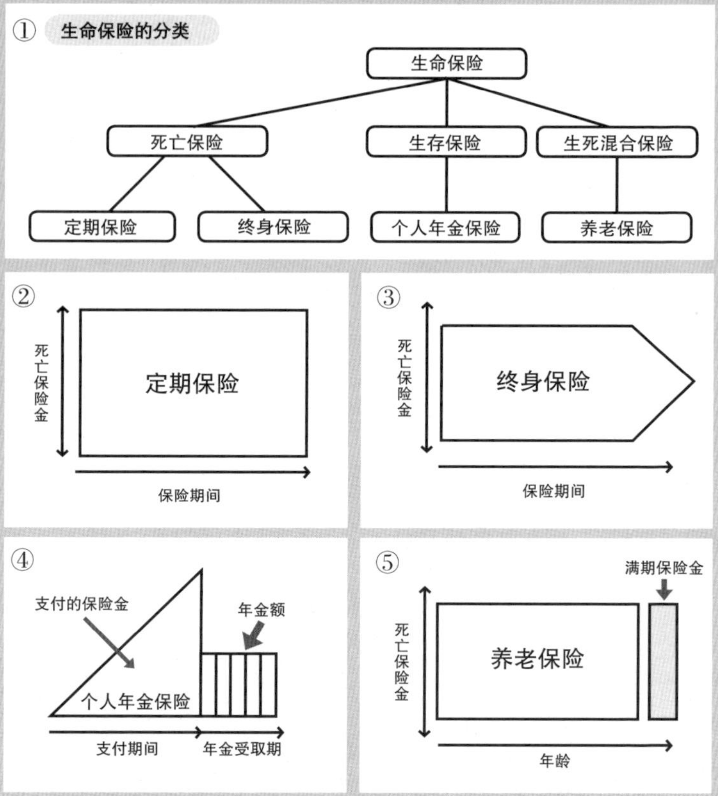

定额保险的保险金要按照签订的合同进行支付，而投资联结保险的保险金和年金会根据运行的实际成绩发生变动。4 个保险都可以从定额保险和投资联结保险两方面进行考虑，所以存在“定额 · 定期”、“变额 · 定期”“定额·终身”、“变额·终身”、“定额·个人年金”、“变额·个人年金”、“定额 · 养老”、“变额 · 养老”这几种类型。

山口小讲堂

人寿保险的基础知识

对于“即兴投资法”来说，投资联结保险是比较有效的。让我们一起来学习一下人寿保险的相关知识。图 7–6 是人寿保险的分类（不包括医疗保险和看护保险）。人寿保险根据支付保险金的原因可分为“死亡保险”、“生存保险”、“生死混合保险”3 种。被保险人（加入保险的人）死后，可获取保险金的为死亡保险，被保险人活到规定的时间就可以领取保险金的称为生存保险，生死混合保险是死亡保险和生存保险的组合。

● 大部分死亡保险都包括定期保险和终身保险。

定期保险是指如果在一定期间内死亡则给予保障的保险。被保人在保险期间内死亡，保险公司就要支付保险金，除此之外不需要支付保险金。也就是所谓的“缴纳费不退还”保险，所以保险金（支付金）会相对比较便宜。

终身保险的保障持续一生，不管是在多少岁时死亡，都可以领取保险金。如果持续时间较长，还可以将解约时的返回金（解约时返回的现金）当做养老资金使用。同样的保险金额，比定期保险的保险费（支付金）要高。

● 主要的生存保险都有个人年金保险。

个人年金保险是为了准备养老资金的保险。大多数情况下，领取年金之前如果被保人死亡，保险公司会支付相当于保险金金额的补偿金。年金的领取方法可以选择确定年金、终身年金等各种形式。

● 生死混合保险中包含养老保险。

养老保险具有保障和储蓄两方面的功能。在保险期间如果被保人死亡，保险公司会以死亡保险的形式支付保险金，如果合约到期时被保人还活着，就按满期保险金的形式支付（满期保险金 = 死亡保险金）。优点是储蓄性能好，但保险金额相同时，保险金（交付金）比终身保险高。

7-2 投资联结保险的使用方法

◆ 竹岛先生的投资连结保险的使用方法

2007年12月，竹岛先生（40岁）将400万日元的定期存款（约32万元人民币）取出，支付了投资联结保险的保险费用※15。要开始进行投资了。通过这次转换，竹岛先生到底得到了什么呢？让我们一边了解人寿保险的内容，一边沿着序→破→急的时间顺序来明确一下整个过程。

［注：以下内容基于竹岛先生加入的投资联结保险的合同，但并没有直接介绍产品的具体内容。为了让大家更容易理解投资联结保险的方法，在说明时对一部分金额和基金名进行了处理，请注意。］

◆ 序的阶段

根据投资联结保险的合同的条件，竹岛先生加入了1000万日元（约80万元人民币）的人寿保险。如果竹岛先生在保险期间内死亡，他的家属将会得到1000万日元（约80万元人民币）的保险金※16。保险期限到77岁为止。竹岛先生在今后的37年中，给了家人一份保障。

接下来，继续对400万日元（约32万元人民币）扣除保险相关费用后剩下的钱进行投资。竹岛先生要组成几个基金，现有“日本股票”、“日本债券”、“外国股票”、“外国债券”这几种资产板块的基金（原则上，使用指数基金或者ETF）。竹岛先生采取了“日本债券50%＋外国债券50%”的组合，开始了投资。

基金的组合，可以以1%为单位进行自由变更。既可以选择“日本股票”100%这种形式，也可以采取“日本股票33%＋日本债券19%＋外国股票27%＋外国债券21%”这样的组合（这里只是随意采取了这个组合，没有特殊意义）。

※15、※16见第155页“术语解析”。

图7-6 竹岛先生加入的投资联结保险

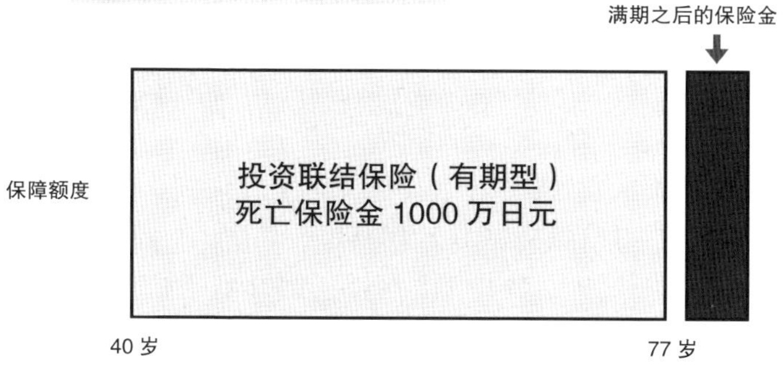

一次性支付保险费 3956320 日元（约合 316500 元人民币）

（注：根据运用，实际的保险金将会有变动）

在网上进行变更的手续。竹岛先生想变更资产比例的时候，只要指定想变更的基金的百分比，然后点击确认就可以了。从登陆主页到手续完成大概需要 5 分钟。变更手续平时是 8 点至 24 点期间进行，所以竹岛先生可以在吃完饭后，舒舒服服地打开电脑，进行变更手续。变更手续不需要手续费，也不需要缴纳税金（变更手续有时会存在次数的限制，或者超过一定的变更次数就要收取手续费。竹岛先生一年可以进行 12 次变更）。

投资联结保险的特征是运行业绩不同，保险金会发生变动。即使是同样的合同也会因为运行业绩的不同，使保险金发生变化。运行业绩的变化到底怎样影响投资联结保险呢？竹岛先生的情况是这样的，虽然成功地加入了价值下跌过的股票，但是在现阶段运行业绩还不是很乐观（2009 年 6 月）。主要原因是受日元汇率高的影响，外国债券价值下跌。如果资本运行不好，1000 万日元（约 80 万元人民币）的死亡保险金会发生什么样的变化呢？会减少到 900 万日元（约 76 万元人民币）吗？

没有必要担心。即使资本运行不好，还是可以保证有 1000 万日元的保险金。死亡保险金会因为运行业绩超过一定的水准 * 而增加；但即使运

* 竹岛先生的情况是，扣除成本后，相当于年利率为 3.5%的水平。

行业绩没有超过这个水准而减少，保险金也不会随之减少。也就是说死亡保险金有可能增加到 1100 万日元（约 88 万元人民币），但不会减少到 900 万日元（约 72 万日元人民币）。竹岛先生在 77 岁之前都可以确保有 1000 万日元（约 80 万元人民币）的死亡保障。

投资联结保险的特征是，只要保险合同继续，不论运行业绩的好坏，死亡保险金都可以得到保证；但是因为得到保证的是死亡保险金，如果在投资成绩低迷的时候解约，收回的钱（解约返还金）有可能会比本金要少。

◆ 破的阶段

竹岛先生持续进行投资。先将股票的比例提高到 50%，将资产组合转换成为平衡型之后，根据需要进行再平衡，控制风险性的大小。再平衡手续的执行时间和基金的变更一样，一次大概只需要 5 分钟。如果没有大的价值变动，没有必要频繁进行再平衡。竹岛先生是一年一次，在契约月（12 月）收到银行卡后进行再平衡。

竹岛先生并没有花费多少工夫，只是勤勤恳恳地持续维护，400 万日元最后终于增加到 500 万日元。投资好像上了轨道。心情也有所放松，于是为了提高自己的职业技能，竹岛先生打算在大学研究院取得一个 MBA（经营学硕士）资格。远程教育的大学研究院需要支付 200 万日元（约 16 万元人民币）。竹岛先生想从存款中取出一部分，但又想在手头存一部分钱以备不时之需，所以就和 FP 的山口商量是否有其他的办法。

山口提议从投资联结保险中暂时借用一部分。最多可以从投资联结保险中借用 90%，也就是竹岛先生最多可以借用 500 万日元（约 40 万元人民币）×0.9=450 万日元（约 36 万元人民币）。这和以定期存款为担保借钱相似。急需资金的时候，也没有必要终止保险合同（借用的手续如果在网上进行，最慢两个工作日后钱就会汇入账户）。利息不是很高，借用那部分资产也会因固定利息而有所增加，所以实际负担并不大，这一点很具有吸引力。竹岛先生每次发奖金时就来返还借用的部分。

通过股票和投资信托进行投资的时候，如果突然需要现金，一般必须要先卖出；而使用投资联结保险的话，可以一边加入人寿保险，一边在自己需要的时候使用这部分钱。竹岛先生再一次赞叹道：“投资联结保险有这么多种使用方法啊！”

◆ 急的阶段

从进行投资开始已经过去20年，竹岛先生60岁了。400万日元增长2倍达到800万日元。以20年间年利率为3.6%进行计算，终于到了要考虑怎么使用的时间。竹岛先生找山口商量应该怎么办，山口给出了以下几个选项。

第1选项：继续使用直到合约期满

这样持续进行运行，77岁合约期满时可以领取期满保险金。

第2选项：解约

解除保险合同，领取800万日元（约64万元人民币）。

第3选项：一边运行一边根据需要解约

不是全部解约，而是一边运行一边根据需要一部分一部分解约换取现金。

第4选项：转换为年金

以年金的形式领取800万日元现金。可以根据自己的要求，选择在一定期限内领取“定期年金”或者选择一次性领取一生的“终身年金”。

第5选项：借用

续保险合同，根据需要借用资金。

“即兴投资法”的特征就是“不仅考虑增加资本，还要考虑后续使用”。通过运行增加了资产，因此具有各种各样的选择。如果不充分使用就没有任何意义了。所以在思考投资的时候，也当然要思考资产使用的问题。

让我们为使用资产也准备一些选项吧。根据环境的变化，选择最合适的方法。因为灵活是“即兴投资法”最重要的特征。

要通过衡量自己的情况和周围的环境，在 5 个选项中进行选择。判断的基准主要有 3 点 :“资产的状况”、“利息”、“税金”。

资产的状况

在 60 岁的时候，领取的退休金和年金（单位年金和企业年金）应该就很清楚了。一面确认金额，一面要决定怎样充分利用这些资产。假如仅仅靠退休金和年金就足够生活，解除保险合同全部兑换成现金使用也不错。

如果仅仅靠退休金和年金还不够，那就要持续一段时间的投资。这时候就是“继续使用直到合约期满”、“一边运行一边根据需要解约”、“转换为年金”、“借用”这四个选择了。

如果还有其他的资产，那就保持这份保险，在自己发生意外的时候可以给家属留下一部分钱。特别是假如投资联结保险的运行业绩并不能让人满意，20 年后处于亏本的状态（虽然按照本书讲的方法进行投资的话，几乎不会出现这种情况），那还不如继续进行保险。那时虽不能自己使用这些钱，但是可以给自己的家属们留下 1000 万日元（约 80 万元人民币）。另外，如果 77 岁之前解约返还金低于 1000 万日元，也可以将其变更为终身保险。

利息

利息也是进行判断的重要标准。如果将来利息上升，出现保持 5% 水平的情况，那就没有必要冒着高风险来增加资产（实际上不仅要考虑利息，物价上升等因素也要考虑）。这时，可以考虑以年金的方式领取。在某个时间段内，以年金形式领取的利息水平是固定的，所以要尽量在利息高的时候领取。与以 5% 的速度增加资产一样，这时就可以放心使用了。（领取年金的利息，因为是由人寿保险公司决定的，所以严格意义上讲和市场的利息没有直接的关系，但可以认为有联动关系。）

例如，分 20 年领取 800 万日元（约 64 万元人民币），如果利息是 1%，那么每年只能领取 44.3 万日元（约 3.5 万元人民币）；而如果利息达到 5%，那么每年就可以领取 56.8 万日元（约 4.5 万元人民币）。利息差 4%，每年就会出现 12.5 万日元（约 1 万元人民币）的差额（指没有考虑手续费的情况。实际上因为要花费一定的手续费，领取的金额将低于此金额）。

现在利率持续低迷，变更为年金几乎没有什么意义，但是将来利息也许会升高。可以在合同签订日（竹岛先生是每年的 12 月 1 日）将变额年金变更为年金，所以要看准高利息的时机灵活变更。

如果利息一直不上升，20 年后仍旧处于低迷的状态，那应该怎么办才好呢？这时可以选择“一边运行一边根据需要解约”和“借用”。利息低时，相应的借用利息也会变低，所以对借用来说可能会比较有利。

不管利息高低，“即兴投资法”都有相应的选择。

税金

购买的股票投资信托价值上升，卖出后会有一部分收益，要为此缴纳所得税、住民税等。如果竹岛先生投资股票投资信托，将 400 万日元增加到了 800 万日元，卖出时会得到 400 万日元买卖的差额，他为此要缴纳税金。税金原则上征收 20%，但是在 2009 年减轻到了 10%。假设 20 年后依旧是原则上的 20%，那么预扣税款为 400 万日元 ×20% =80 万日元。

投资联结保险的操作和投资信托不同。解除全部合同，拿到 800 万日元后，要从差额的 400 万日元中减去临时所得的特别扣除 50 万日元（最多 50 万日元，约 4 万元人民币），然后乘上 1/2 得到 175 万日元（约 14 万元人民币）[（400 万日元 −50 万日元）×1/2=175 万日元]，这作为临时所得与其他的所得加起来一起计算所得税和住民税。这时，竹岛先生有无收益，家庭构成等的差别都会造成税率的不同。与股票投资信托相比较是否有利，不能一概而论。

如果不是一次性解除合同，而是每次一点点地解除，情况会怎样呢？

解约返还金为800万日元，如果每次解除$^1/_{10}$，那每次就可以领取80万日元。与之相对，支付的保险金为40万日元，得到差额为40万日元，因为小于特别扣除的上限50万日元，所以这时的特别扣除为40万日元，所得收益为零。特别扣除每年都可以使用，所以通过一点一点解除合同，征税额就可以变小。

通过股票投资信托进行投资的时候，不管是一次卖出还是一点点地卖出，税率是固定的，所以税金不会有变化（注：其他出现卖出亏损的投资信托，有时会和卖出收益相抵消）；而采用投资联结保险时，通过变换兑现的时间，可以减轻税金的负担。

以上内容均基于2009年的税收制度。如果将来税制发生变革，请注意所讲内容就不再适用。要记住的不是通过什么方法来减轻交税负担。而是在运行投资联结保险时，税金方面也要对应当时的情况，从众多的选项中选择最适合的方法。

[注：合约期满时的操作和解约时的操作一样。转换为年金时和借用时的操作，和这里所说的操作不同。选择的时候要事先明确手续的不同也会引起效果的不同。]

◆ 以往的常识是“非常识”

我们根据自己的目的，会灵活选择使用金融机构。我们经常把钱存到银行里，但当我们想进行投资的时候就会利用证券公司，或者通过保险公司加入保险。在我们的头脑中，金融机构区别如下：

使用的时候→ 银行
增加的时候→ 证券公司
保障的时候→ 保险公司

我们以“使用”为前提将钱存入银行。即使没有利息的吸引力，也会有很多人使用，因为利用ATM机可以随时取钱，很便利。将钱存放到证券公司的理由是为了“增加”。目的是使用股票、债券、投资信托等金融产品进行投资。而我们期待从保险公司那里得到的是：当出现我们个人无法弥补的损失时，让保险公司来承担。人寿保险是有关于“人”的损害补偿，而财产保险是有关于“东西”的损害补偿。

当然这里说得有些简单。银行中也有外币存款和投资信托这样为了“增加”而设置的商品，证券公司中也有为了“使用”而提供MRF这样的产品，但是可以说在大多数人的意识中，是“使用→银行”、“增加→证券公司”、“保障→保险公司”这样一对一的关系。

那么投资联结保险和“使用”、“增加”、“保障”这些功能之间到底是什么样的关系呢？让我们分别看一下它们的功能。

● 使用

投资连结保险有各种各样的使用方法。既可以一边加入保险一边临时借用现金，又可以直接解除合同领取现金。当然也可以像个人年金一样每年领取一定数额的现金。

● 增加

通过变更资产的组合，可以将投资联结保险像投资信托一样运用。在网上可以很轻松完成变更组合，不花费手续费和税金。

● 保障

投资连结保险也是人寿保险，所以被保险人（加入保险的人）死亡的时候，他的家属就可以领取死亡保险金。投资联结保险运行情势低迷的时候，也会有一定数额的保障。

这样投资联结保险的“使用”、“增加”、“保障”三个功能被存放同一个容器里面。而且三个功能并不是各自独立的，而是相互联系在一起的。持续运行的同时可以将钱兑换为现金（一边增加一边使用），也可以加入保险的同时通过基金运行资金（一边保障一边增加），也可以加入保险的同时将钱兑换为现金（一边保障一边使用）。投资联结保险不同于我们头脑中已有的常识，它给我们一种新的认识。

图 7-7 表示出了大体印象。可以看出投资连结保险成为金钱流动的中心。投资联结保险有时候成为人寿保险，有时候成为投资信托，有时候又变为个人年金，这样自由变换形态，不断成长。投资联结保险是”即兴投资法”中不可或缺的重要内容。

图7-7 变额保险产生新的认识

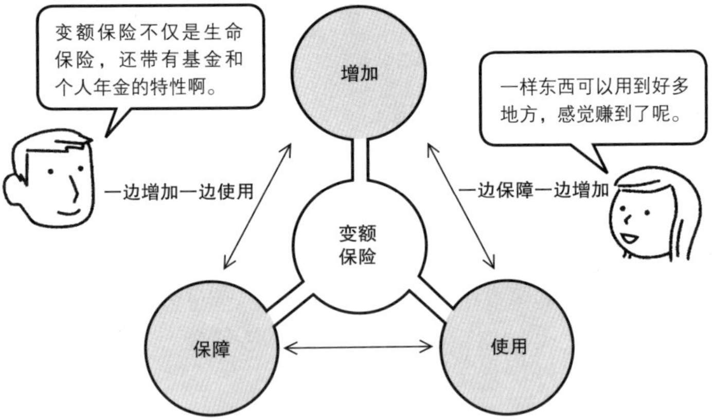

7-3 投资联结保险的特征和优点

◆ 安心和挑战并存

我们已经学习了投资联结保险的产品内容和利用方法，现在一起来看一下它的特征和优点吧。

投资联结保险同时具有人寿保险和投资信托这两种不相同要素的特征，被称为“混合结构”（根据《新明解国语辞典》给出的解释，“混合”的意思是“将不同的方式很好地组合到同一个组织当中”）。关于死亡保险，不论运行业绩好坏可以有一定金额的保障，但是满期保险金和解约返还金会根据运行业绩而发生变动。稳定的部分和变化的部分同时并存。这种“稳定”和“变化”同时成立的情况，会对投资产生有利的作用。

我们总是有“追求确定性”的心情。打个比方，如果手术的成功率为100%就会感到安心，如果是99%就会感到不安。金融产品也一样，如果说是99%的安全，心里就会留有一丝不安。我们总是在追求一个依靠，这种追求依靠的心情并不能否定，但是要以某种形式来确保安全。要重视“巧妙处理和感情的关系”这一点。

通过个别股票和投资信托进行投资的时候，没有什么心理依靠。伴随着运行产生的所有风险都必须由投资家来承担，但是投资联结保险中有可以依靠的东西。死亡保险中，合约者就没有必要承担风险。只要保险公司不破产，竹岛先生的1000万日元保险金就能得到保障（破产的时候，保险金有可能减少）。死亡保险金这种形式，相对支付的400万日元，很大程度上可以确保得到返还的1000万日元。

[注：竹岛先生如果在中途终止投资联结保险的合约，那么运行的风险就由竹岛先生自己承担。与此相对，如果是人寿保险的死亡保险金，那么保险公司就要承担运行风险；而投资联结保险中，运行风险并不是全部由签约者承担，保险

公司也要承担一部分风险。超长期的运行风险由保险公司承担，除此之外的运行风险由合约者承担，运行风险由两方共同分担，从这一点上讲，投资联结保险是公平的交易。]

保障型的变额年金，不从合约者那收取保证金，而是给予一定数额的保证。金融危机引起的资产价格的下跌，给保险公司造成了巨大的负担。因此有保险公司开始限制保障型变额年金的销售（有保险公司撤离了日本市场），这明显是在保障一些无法保障的东西。这次的金融危机中，出现了股票和债券同时下跌的局面。在这种情势下要保证一定的金额本来就是很难做到的。我对这种错误理解市场风险，从而向顾客销售产品的态度感到疑惑。本应该给予顾客安心感的保险公司，却给顾客造成了不安。

投资联结保险中，只有死亡保险金是有最低保证的。人的寿命不会随着时代忽然发生大的变化，所以保险公司即使承担一些运行风险，也不会给自己造成很大的负担。正是因为它和人的性命息息相关，所以运行风险要由合约者和保险公司分担。投资也不仅仅是技术性的话题，与人的寿命也有很大的关联。

死亡保险金保证的是安心感。有了这种安心感，我们就更容易去挑战那些高风险的投资项目。即使投资失败，作为保险也不会产生什么损失；但是因为保险公司会有破产的可能，所以一定要注意选择健全的保险公司[保险公司的安全性可以通过信贷评级※17和偿付能力比率※18（Solvency Margin Ratio）来确认]。

投资时强调要有“勇气”。最近有专家说“去除风险才是风险”，这完全是不负责任的发言。越是不做准备反而去除掉风险，人就越不会变强大；但是鼓起勇气是要有条件的，那就是确保有安全感。为什么孩子可以去挑战新的事物呢？因为父母允许他失败，因为有老师温柔的目光给予支持。如果说做什么都不可以，孩子也就渐渐地不再去挑战。“挑战需要有安全感作前提。”投资联结保险给予我们的安全感支持着我们鼓起勇气。将人寿保险作为投资，也是为了得到安全感。

※17、※18分别见155、156页“术语解析”。

◆ 灵活性

投资联结保险有人寿保险、投资信托、个人年金等各种各样的形态，要与环境相适应，充分灵活利用这些形态。

开始的时候是人寿保险的形态。以竹岛先生为例来说，在孩子长大之前，投资联结保险是以给家人以保障的人寿保险的形态出现，孩子独立以后又变化为投资信托的形态，随着退休的临近又变化成为个人年金的形态。

运行方法也具有灵活性。以投资信托来看，由债券 100% 变化为股票 100%，可以将组合逐渐变化成为投资信托。虽然可以选择的基金确实有限，但是为了能得到“一般奖励”，只要预备 4 个资产板块就可以了，所以这并不是个大问题。与此相对，价值下跌时可以一点点提高股票的比例进行对应，我认为这是个很大的优势。暂时没有目标的时候，也可以暂时选择现金这样的基金（称为短期金融市场基金）。投资联结保险的乐趣就在于可以选择适合自己的运用方法。

兑换现金的灵活性，我们已经在前面讲过了（第 119 页）。不仅可以解除合同领取现金，还可以变更为年金，根据自己资产的状况、利息和税金等选择适合自己的形式。

◆ 容易持续进行

容易持续进行也是投资联结保险的特征。长期投资只有长期持续才会有成绩，所以这个特征是很大的优势。投资联结保险容易持续进行有三点理由：

1. 维护简单

想要持续进行，关键的一点就是不要太费工夫。操作多只股票和投资信托的组合时，很难把握整体的情况，但是投资联结保险就可以在电脑画面上确认现在的情况。资产组合的变更也能马上完成。维护简单得甚至会让人觉得不过瘾。

2. 充分考虑个人的便利

进行投资最痛苦的是资产价值下跌的时候。利用股票和投资信托时就会担心的不得了。如果是投资联结保险，就可以想“这本来就是保险啊”。虽然是为了自己方便的想法，毕竟还是可以放下心来。投资联结保险中也包含人寿保险的要素，如果长期持续，运行情况良好，当然也可以把它当成是投资信托来想。

3. 不必在意价格的变动

平时几乎看不到投资联结保险的运行状况。我们每天都会在意股票和FX的价格变动，如果是投资联结保险，就没必要为每天的变动忽喜忽悲。如果有些在意，只要一点一点改变资产的比例就可以了，所以不会压力大到不敢轻易行动。即使这样还是有无法决策的时候。竹岛先生遇到这种情况就会找我来商量。有可以信赖的人商量，就会轻松很多。

◆ 成本花费恰当

至此我们介绍了投资联结保险的各种特征，你有没有想到“虽然投资联结保险有各种各样的功能，但价格是不是高了点啊”？

在意这一点也是很自然的。有这么多功能，自然会觉得价格可能会很高。不管功能有多么丰富，如果价格很高的话，就没有什么意义了。金融筹划方面的专家也说投资联结保险的成本花费很高。那么实际情况是怎样的呢？投资联结保险的成本真的很高吗？

评价投资联结保险的时候有一点要注意。那就是投资联结保险具有多个功能。它既是人寿保险，又是投资信托，同时又是个人年金。这些放在一个容器里就成了投资联结保险。

这就像多功能的手机一样。以前的手机只具有打电话的功能，现在具备了上网、音乐播放器、电视、相机等各种功能。虽然每一个功能和专门的商品相比较都差了一点，但是仍然可以使用。把这些功能组合在一起，比分开购买要便宜很多。

将投资联结保险、人寿保险、投资信托和个人年金组合在一起，比分开签定合同花费更小。另外，一个产品如果可以持续使用，就不需要在中途变更，花费当然更低。这和前面说的工匠做的筷子是一个道理。

我们来统计一下竹岛先生签订合同的成本吧。假设竹岛先生到 77 岁之前的 37 年间一直保持合约,那每年的成本平均为资产的 1.1% −1.3%(按照年利率 3.5%进行投资的情况。运行基金的不同，花费成本也不同)。日本最受欢迎的信托公司“Global Sovereign”的信托报酬是一年 1.3125%。如果是投资联结保险，可以花费比这更少的钱，得到人寿保险、基金变更、个人年金等多种功能。(因为年龄、性别、保险期限、保险金的支付方法和运行业绩不同，花费也会不同。)

从成本这点来讲，投资的方法应该选择投资联结保险。我们现在已经充分了解了投资联结保险的特征和优势。那么怎样将投资联结保险充分运用到实际生活中呢？下面一边参考三个人的例子，一边思考一下吧。

山口小讲堂

投资联结保险诉讼

说到投资联结保险就不得不提“投资联结保险诉讼”。泡沫经济的时候，投资联结保险的年利率达到了10%以上。这是因为当时日本的股票市场情况良好。于是人寿保险公司和银行一起，劝说持有土地的投资人担保土地从银行进行融资，将通过融资得到的钱加入投资联结保险。推销的要点是：即使借钱，通过投资联结保险的运行也会得到收益，而且可以加入人寿保险。

但是泡沫很快破裂，股票价格暴跌，随之投资联结保险的公积金不但没有增加，反而一直在减少。即使这样投资人也必须偿还借用的钱。因为借钱的利息很高而且固定不变。偿还不上的人中有人想就用保证金来偿还借的钱，然后自杀了。家属感到这样的交易中存在问题，并控告人寿保险公司和银行，这被称为“投资联结保险诉讼”。法院以没有尽到说明的责任为由，判决某些人寿保险公司和银行负有赔偿责任。

借钱加入“投资联结保险”和借钱进行股票投资是一样的。都没有健全的保险的运行方法。

在日本之所以投资联结保险不能成为主流，原因之一就是过去的诉讼。因为使用方法错误，使投资联结保险给人们留下了不好的印象。说起来也许有点残忍，刀子是我们生活中不能缺少的东西，但如果使用方法错误也会变成凶器。金融产品的使用方法同样不能犯错。如果熟练地掌握了本书中介绍的方法，则可以充分发挥投资联结保险的效果了。所以不要被旧印象所迷惑，放心地使用吧。

Chapter 8

“即兴投资法”案例分析

8-1“用人寿保险来进攻”的构想

❖ 青鸟在哪里

只要跟朋友一说“我最近开始投资了”，那对方的反应肯定是：“买的什么啊？是股票还是基金啊？”

好像大部分都觉得购买股票和基金才是投资。如果告诉朋友“不是，其实买的是人寿保险”，朋友的反应肯定是“嗯？怎么回事”？然后陷入沉默。

投资这个词，总觉得有些脱离日常生活。所以一想到投资，就干劲十足，挽起袖子，心里暗暗鼓足气想着：“好啊，从现在开始要赚大钱啦！”很多人都怀揣着会获得“特殊奖励”的梦想开始进行投资，但是不可能一帆风顺，次次成功。

一起回想“青鸟”的故事吧。蒂蒂尔和米蒂尔兄妹到很远的地方去寻找幸福的青鸟，但是他们怎么也找不到。最后却发现，其实青鸟一直就在自己的家中。幸福，并不需要到很远的地方去寻找。留心自己的身边，会发现幸福就在那里。为了赚钱而开始投资基金和外汇之前，请先看看自己的身边吧：试着去关注自己加入的人寿保险。

使用投资联结保险，在人寿保险中加入投资的要素，会发现有不可思议的事情发生。一直以来光芒被灰尘所覆盖的人寿保险也开始闪耀起来。不需要动用新的资金，只要稍稍改变现状就可以发现“青鸟”。通向投资世界的入口，就在你的身边。

◆ 为了进攻的人寿保险

“不想在人寿保险上花费金钱”。

很多人有这样的想法：人寿保险本来就是为了在生病和死亡的时候能起到作用。对于健康的人来说，不能切实体会到将钱花费在人寿保险上的意义，也是可以理解的。电视广告上一直在强调保险费用（支付费用）有多么便宜。财务策划顾问（FP）的咨询答疑，大部分也是对人寿保险的重新审视。

很多人想“万一发生的时候，没有保险的话会很困扰，但还是不想在保险这方面投入太大。”经济不景气的时候，最先注意到的往往是保险的费用。经常能看到“人寿保险的浪费还可以进一步减少”这样题目的杂志和书。这就是把人寿保险看做是一种花费的证据。

“人寿保险 = 花费”这样的想法是社会常情，我却不这么认为。这也是被“禁锢”的思想的一种。如果正确运用，人寿保险也是适合长期分散投资的商品。如果只想着去节约保险费用，很有可能会错过重要的东西。

生病的时候守护自己，去世的时候守护家人，人寿保险一直被当做是为了“守护”的投资。确实，人寿保险最拿手的莫过于“守护”，但是人寿保险不仅仅可以用在“守护”将来，还可以用来“进攻”。体育运动也一样，如果只有“防守”就没劲了，积极进攻才有意思。

所谓的“利用人寿保险进攻”到底是指什么呢？试着将其与存款及投资联结保险这两种投资方法进行比较，假设通过存款得到的回报和日本债券一样都为1%；另一方面，投资联结保险如果顺利开展，并通过平衡型持续进行投资，可以预计一年会产生5%左右的利益（不考虑税金）。与存款的差额为4%，如果运行资金为500万日元（约40万元人民币），一年就会产生20万日元（约1.6万元人民币）的差额（500万日元×4%=20万日元）。你不觉得每年产生这些差额很惊人吗？当然也不可能每年都能保证有5%的收益，也存在存款会比较有利的时候。但是，如果是可以长期使用的资金，还是投资联结保险更有可能获得较大的收益吧。

把人寿保险这个安心的方法作为基础，冒着一定风险进行投资，会产生4%的差别。人寿保险给我们的“安全感”支撑着投资这个“挑战”，所以我们可以获得“一般奖励”。

人寿保险不仅仅只是花费，还可以产生收益。通过投资联结保险进行投资，可以很轻松地承担起风险，安心进行进攻。

投资联结保险中人寿保险要素和基金的要素共存。投资联结保险并不是防守和进攻分开的棒球，而是类似于防守和进攻同时进行的足球。

◆ 人寿保险的新特征

我们已经了解如果将投资联结保险运用到长期分散投资中，就可以放心积极地进行投资了。如果能理解这个想法，就可以发现人寿保险的新特征。

要想熟练运用人寿保险，“长期进攻”和“短期防守”是最基本的。时间较长的人寿保险（终身保险和养老保险等），和投资联结保险一样要承担起风险进行投资。时间较短的人寿保险（定期保险）不需要承担风险，可以减轻保险费用的负担，而要以确保充实的保障为目的进行使用。

如果仅仅是长期的人寿保险，保险费用的负担就会变重；如果是短期的人寿保险，又不能用来进行投资，所以可以通过让长期和短期人寿保险各司其职，一边使其具有投资的要素，一边充实自己眼前的保障。

所谓的投资讲的是“怎样充分运用资产”，所以并不仅仅指投资，而需要把保险包括在内将思考的范围扩大。仅仅在投资的范围内考虑投资是不会顺利的。请参考接下来要介绍的三个事例，试着找到适合自己的投资方法吧。

我们的目标是切实获得“一般奖励”。那么，为此我们要进行怎样的准备呢？一起来看看以下三个人的努力。

8-2 案例分析

◆ 星野小姐（22 岁）年轻时的投资方案

星野小姐大学毕业，今年参加了工作。以此为契机，想开始好好学习理财，决定请教前辈介绍的财务策划顾问（FP）的山口先生。

星野小姐：“等我 65 岁的时候，我想不能仅仅依靠养老金，因为不想老的时候不安，所以想从现在开始做些什么。有什么好方法吗？”

山口：“星野小姐很有想法啊，很了不起。年轻的时候为以后做准备是件好事情。首先理顺一下投资的思路吧。”

山口先生依次向星野小姐介绍了投资的思考方法等，在确认星野小姐对内容有了充分理解之后，给出保险的提议。山口先生提议的保险是终身型的投资联结保险（图 8–1）。竹岛先生的保险是投资联结保险的有期型保险，有期满的期限（竹岛先生的为 77 岁满期），而终身型没有期限，保障持续一生。

图8–1 星野小姐的计划　（注：根据运用，实际的保险金将会有变动）

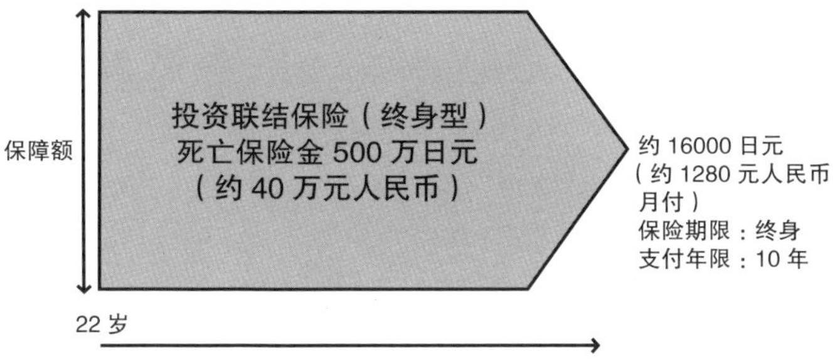

山口："星野小姐的情况是，首先打算通过保险来准备好葬礼的钱，那从终身型保险开始就很好。每个月支付 16000 日元（约合 1280 元人民币）保险费，连续支付 10 年后，就可以确保一生有 500 万日元（约合 40 万元人民币）的保险保障总共支付保险费用为 194 万日元（约 16 万元人民币）。因为即使没能充分利用死亡保险金也会有充分的保证，所以就可以放心地专注于投资。"

星野小姐："确保葬礼费用这一点我明白了，但为什么增加金钱要利用投资联结保险呢？利用投资联结保险有什么效果啊？"

山口："问得好！利用人寿保险这一点是这个提议里的重点。想和星野小姐您确认一点：一旦加入这个保险，短期内不会退出吧？"

星野小姐："我想应该不会在中途退出。因为不想给家人添麻烦，所以想确保葬礼的费用。不过如果有其他资金作准备的话,也有可能会退出。”

山口:“这样的话就是说短时期内应该没有退出的打算，对吧。像我们已经说过的那样，进行长期投资而不出成果的一个很大原因就是不能持续投资。自己的资产价值一下跌，就在中途找不到目标了，但是星野小姐就不一样了,以保险的形式进行投资,即使价值下跌也可以持续进行投资。”

星野小姐:“原来如此，所以要选择人寿保险啊。”

山口:“是的。既可以为自己晚年的保险而存放，也可以提前使用（使用方法参照第 127 页）。因为是月付的合同，所以也可以期待美元成本平均法的效果。”

星野小姐:“美元成本平均法？”

山口:“美元成本平均法就是指每个月购买一定数额资产的方法。从星野小姐支付的保险费用中扣除经费，剩下的钱继续进行投资。可以在每个月月末购买基金，所以星野小姐使用的就是美元成本平均法。利用美元成本平均法购买资产的时候，可以在价格高的时候少购买，价格低的时候多购买。将购买的时间分开，可以降低价值波动的影响。”

星野小姐:“价值下跌的时候，购买便宜的资产，想想感觉很好啊。”

山口:“星野小姐很机灵啊。投资联结保险的好处可不止这些。以保险的形式进行投资会让你有安全感，就可以积极地选择基金了。”

星野小姐:“积极地？”

山口:“人，都想避开损失，因为总是讨厌价值下跌。价值一下跌，就会想在中途放弃。所以运行大量的资金时，认为还是要慎重增加资本为好。开始以债券为中心，慢慢地增加股票的比例，但是如果清楚地决定即使贬值也不会放弃，那就另当别论了。从一开始就可以积极地进行投资了。”

星野小姐:“具体是用什么样的基金呢？”

山口:“都要以股票的形式进行投资。日本股票 50%和外国股票 50%可以说是积极型的资产组合，一年大概会有 7%的收益。（见第 61 页）当然要一直保持这个比例的话，价值变动太大，将来还需要降低股票的比例，通过平衡型组合进行投资。这些还需要 过一段时间再谈。”

星野小姐：“喔，我明白了。10 年后就不需要再支付保险费用了，所以如果投资联结保险进行顺利的话，就再签订新的协议；如果运行不顺利，还可以作为保险来使用,所以很让人放心啊。想首先从投资联结保险开始看看。”

要是我刚进公司的时候，能有人给我这样的教导，那该多好啊。我就可以确保充足的投资时间了。

[注：月付型合同，合约开始时花费的费用较多，所以可以利用的资金较少。如果在短时间内解约的话，几乎得不到解约返还金。]

充分考虑保险的内容再决定

也许大部分人随意就确定了人寿保险的内容，但是一旦签订合同，很难再对合同内容进行大的更改。如果身体健康，那随时都可以更改合同内容,但是有一个缺点是,比起年龄的增长,保险费用的增长更快。另外受“避免反悔”这样感情因素的影响，很容易想一直保持现状。出于好的愿望而加入的保险有可能成为一辈子的包袱。

虽说有必要按照自己的生活方式来修改保险的内容，但还是在长期合同的保险中，确定可以一直持续，不会中途退出的保险内容比较好。对可以进行投资的保险，比较聪明的做法是从比较合理的地方开始，一点一点增加。

开始一件新事情的时候重要的是踏出“正确的第一步”。虽说都是投资联结保险，但根据合同期限及支付期限的不同，效果也会有很大的差异。为了避免以后后悔，请参考三个人的事例，好好考虑之后决定合同的内容。

❖ 小林先生（43 岁）有家庭之后的投资

小林先生是制造厂的上班族。妻子是家庭主妇（42 岁），还有一个女儿（11 岁）和一个儿子（9 岁），2 年前贷款买了房子。平时开销很大，

所以想是不是可以减少保险费用这一项开支，于是参加了公司主办的研究讨论会。

讲师是山口先生，讲的内容都是前所未闻的。特别是将保险进行投资这一想法，让他茅塞顿开。为了了解自己的情况具体应该怎么办，小林先生单独找到山口先生商谈，接受了山口先生下面的建议。（图 8-2）

山口："从定期存款中取出 214 万日元（约 17 万元人民币），用来支付投资联结保险的保险费用，77 岁之前就可以确保有 500 万日元（约 40 万元人民币）的死亡保险金。这一部分，以后就不需要再负担保险费用，可以对其进行投资来盈利。按部就班地进行投资，4-5 年后就大概会有年 5%的回报。"

小林先生："一年 5%的话，按本金 200 万日元（约 16 万元人民币）

图8-2 小林先生的计划

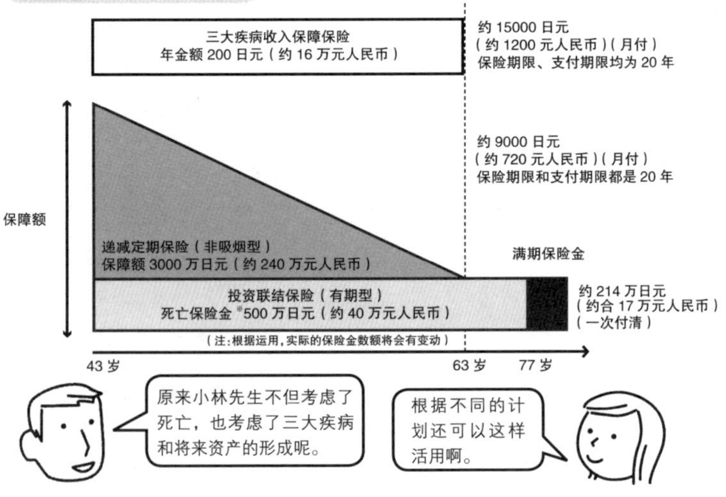

计算，那每年可以增加 10 万日元（约 8000 元人民币）。这样虽然每个月还要支付 24000 日元（约 1900 元人民币）的保险费用，但整体上来看，还是减轻了保险费用的负担。这就是山口先生在研讨会上教会我们的。明白了需要钱的时候可以从投资联结保险中临时借用，这一点很让人高兴。"

山口："另外，关于死亡保险，通过递减定期保险[※19]，还确保了合理的保险。"

小林先生："递减定期保险的图形是一个三角形，这是什么意思呢？"

山口："定期保险就是，在一定期限内被保险者死亡时就要支付一定保险金的一种保险，也被称为是缴纳费不退还的保险。递减定期保险是定期保险的一种，特征是保险金额会一点点减少。最初以 3000 万日元（约 240 万元人民币）开始，然后一点点减少，10 年之后减少到约 2000 万日元（约 160 万元人民币），最后在 20 年后减少至约 900 日元（约 72 万元人民币）。"

小林先生："保险金减少没有关系吗？"

山口："没必要担心。现在孩子还小，要是小林先生您有什么不测，那需要很多的生活费，但孩子独立以后就不需要那么多钱了。通常只要确保平均下调就可以了。"

小林先生："确实啊。就是比起保险金额一直是 3000 万日元（约 240 万元人民币）的合同，保险费用也会一直减少吧。"

山口："是的。小林先生您不吸烟，所以可以加入专门为不吸烟人群提供的保险费用低的保险。递减定期保险的保险费用是每月 9000 日元（约 720 元元人民币），合同期间（20 年间）不发生变化。"

小林先生："如果自己去世，妻子就可以从投资连结保险中最少获得 500 日元（约 40 万元人民币），还有递减定期保险中规定的保险金。"

山口："那之外，应该还有公共养老金中的家属年金（基础年金+家属厚生年金）和从公司中获得的退职金、慰问金。详细的可以咨询您工作单

※19 见第 156 页"术语解析"。

位。”

小林先生："知道了。死亡这一方面的保障好像没有什么问题了，但是有一点我比较在意，就是最近公司的一个同事做了大肠癌手术。虽然手术成功也回来上班了，但是听他说现在很容易疲劳。频繁就医的费用是很大负担，我现在还负担着房子贷款，所以比较担心会有大的病。应该怎样防备比较好呢？”

山口："工作的时候，如果生了大病，负担就更重了。因为不能工作，收入也会减少。虽说可以领取障害年金，大概也不够吧。在这份保险计划中，如果被诊断出三大疾病（癌症、急性心肌梗塞、中风），只要满足规定的条件，就可以领取保险金。”

小林先生："具体能领多少钱呢？”

山口："小林先生只要活着，直到63岁每年都可以领取200万日元（约合16万元人民币）。至于保险金怎么使用，那就是小林先生的自由了。”

小林先生："就是既可以用来支付治疗费用，也可以用来还房贷啊。这确实让人放心。”

山口："还有其他使用方法。例如，如果被诊断出患有癌症，那就不能加入保险（不管是否健康都可以加入的保险除外）。这样的话，就有点让人困扰了。”

小林先生："困扰？”

山口："同样是加入人寿保险的人，对健康的人和得大病的人来说，人寿保险的价值不一样。生了大病，应该就会感觉到人寿保险的重要了。假设10年后小林先生生了大病。那时，保险会怎样呢？”

小林先生："虽然投资连结保险有500万日元（约合40万元人民币）的最低保障，但是递减定期保险会减少到约2000万日元（约和160万元人民币），而且还会继续减少。就是说，如果得了大病更需要保险，而保险金却在不断减少啊。这确实很让人困扰啊。有没有什么方法，可以在生大病的时候，让保险金不会减少啊？”

山口："可以通过变换[※20]这种手续，减少递减定期保险的影响。可以在递减定期保险的保险金减少到 2000 万日元(约 160 万元人民币)的时候，通过变换，将其全部或者一部分变更为其他保险。进行变换手续的时候，不会过问你的健康状态。因为变换是被保险人的权利。这时将递减投资联结保险 2000 万日元（约 160 万元人民币）中的 500 万日元（约 40 万元人民币）变更为投资联结保险的有期型。（如图 8-3 所示）"

图8-3 递减定期保险变更为投资联结保险（有期型）

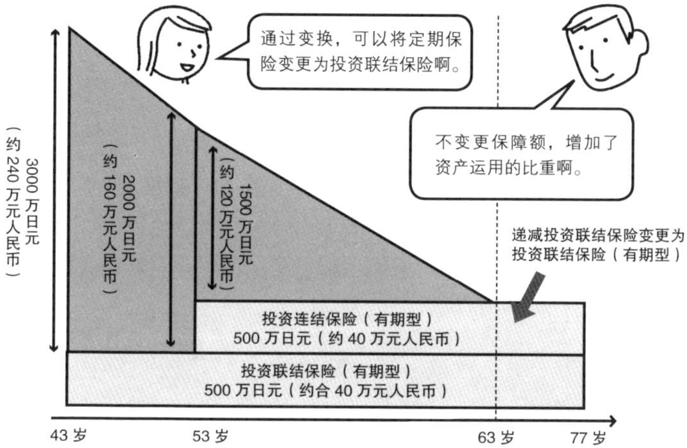

小林先生："既可以减少保险金的递减幅度，又可以为投资做准备，真是一箭双雕啊。但是加入新的保险，负担应该会变重。我觉得本来就生大病，又增加保险的费用有点不合算。"

山口："确实需要负担保险费用，所以才会有可以每年领取 200 万日元（约 16 万元人民币）的保险。如果完全不能工作了，那这些钱只能全部用来做生活费，但如果还可以工作，那这些保险金就可以用来作为变换的原始资金使用。根据各种情况的不同，可以有多种选择。这一点和'即兴投资法'的理念是共通的。"

※20 见第 156 页"术语解析"。

小林先生："即使得大病的时候，也有可以选择的余地啊。"

山口："变换这一方法，不仅仅局限于生病的时候。健康的时候也有研究的价值。通过将递减定期保险变换为投资联结保险，可以一边保持一定额度的保险金额，一边提高投资的比重。"

小林先生："现在孩子还需要花钱，所以想一边保持现状，一边增加运用的资产。如果不用担心健康状态，变换加入投资联结保险的制度就太好了。"

山口："关于变换，有一点需要注意：变换时必须保证变更之前和变更之后是同一家保险公司。如果将来把递减定期保险变更为投资联结保险，就必须要在签订合同的时候选择同时有这两方面业务的公司。"

小林先生："不能因为保险费用便宜而选择人寿保险啊。听了山口先生的提议，我知道可以把银行里存的钱充分利用起来，充实保障内容。正是因为不把保险和投资割裂开，而是当做一个整体来考虑，才能这样啊。从来没有想到可以减轻保险费用，第一次知道保险内容这么丰富，实在太感谢您了。看来以后可以不用再担心钱的事情，而把时间用到工作和家庭上了。"

◆ 川合女士（51 岁）为养老做打算的投资

川合女士作为秘书，每天都很忙。虽然每天过的都很充实，但是考虑到退休后的生活，也应该提前做些什么了。因为现阶段看，她打算一个人生活。于是，通过朋友介绍，川合女士找到了山口先生进行咨询。

川合女士："到现在为止还我没有投资的经验。退休是 65 岁，所以还要工作 14 年。时间有限，我现在还有什么能做的吗？"

山口："当然。虽然距退休只有 14 年，但是考虑平均寿命的话，还有 35 年多。时间还很充足，所以不要着急，一起慢慢商讨。”

在确认川合女士掌握了投资和保险的基础知识后，山口给出了图 8-4 所示的提议。

图8-4 川合女士的计划

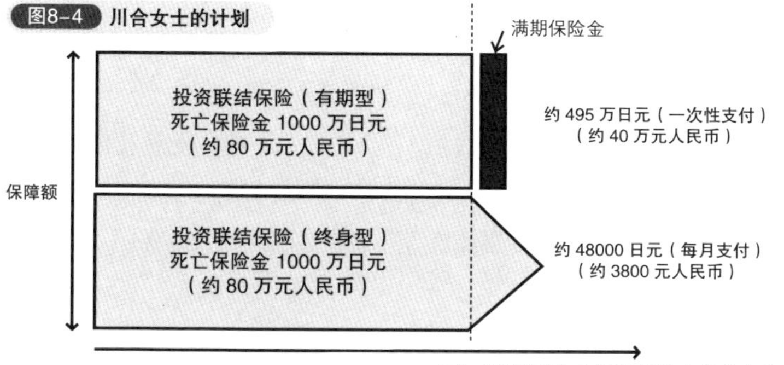

（注：根据运用，实际的保险金将会有变动）

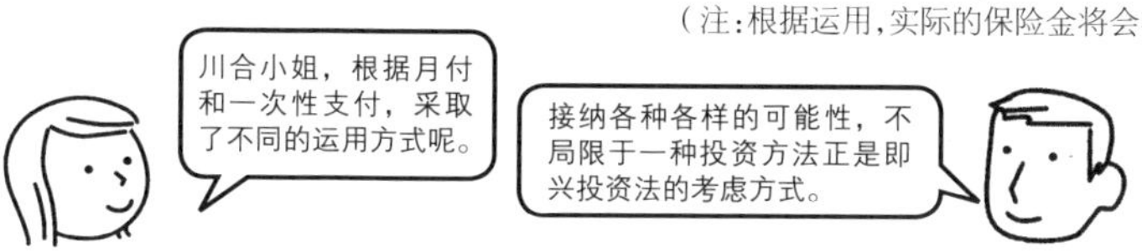

山口：“您看图就能明白这个提议是由有期型和终身型两种类型的投资联结保险组成的。有一点需要注意就是支付方法不同，有期型是一次付清，终身型是采取月付的方法。”

川合女士：“为什么要两种保险组合在一起呢？”

山口：“是为了要准备两种类型的投资。有期型的保险是运行大量的资金，所以将运行期间分为‘序、破、急’三个阶段，按部就班地进行运行。是一种从债券起步，之后逐渐提高股票比重的类型。”

川合女士：“就是说可以期待在破的阶段，有 5%的收益。”

山口：“是的。慎重的运行这些资金比较好吧。另一方面，积极地对终身型的保险进行运行。充分利用美元成本平均法（见第 137 页）的优势，以 100%为股票的形式进行投资。”

川合女士：“利用死亡保险金最低有 1000 万日元（约 80 万元人民币）

保障，就可以用剩余资产进行投资。这一点我很中意。”

山口:“谢谢您。另外接下来的内容很重要。想一下14年后65岁的情景。如果积极地使用终身型保险进行过程很顺利，首先要考虑把终身型保险兑现。兑现的方法有哪些呢？”

川合女士：“可以从解除合同、解除一部分合同、变更为年金、借出中选择。那时只要选出最有利的方法就好了。”

山口：“您完全掌握我所讲的内容了，很了不起。既然我们已经理顺了终身型兑现的方法，那再看一下有期型保险的利用方法吧。股票价格上升的话，转移到有期型保险里的资金应该也会随之增长。保险也可以选择一直持有。”

川合女士：“如果终身型的积极运行不顺利的话，应该怎么办呢？”

山口：“将终身型作为保险不变，继续下去。需要现金的时候，充分利用好有期型保险。因为很慎重地运行有期型保险，所以14年后与本金相比较应该不会有大幅减少的可能。”

川合女士：“这个想法可以应对各种情况，这一点比较有意思。如果遭遇大的贬值，只要继续将其作为保险使用，过一段时间总会再有升值的时候。65岁的时候还可以领取退职金，这简直就是‘坐等收益’啊。不必着急，要稳扎稳打。”

山口:“您现在的目标就是将有期型的资产增加10%。ID和密码一到，就请到网上确认一下画面。就可以知道手续是有多么简单了。请您一边一步步实践，一边记住投资的这些方法吧。”

川合女士：“我比较懒，如果操作不麻烦就太高兴了。今后还得请您多多指教啊。拜托了。”

看了三个人的实例，你感受如何？如果能让您感觉“我今后好像也可以这样啊”，那我就太高兴了。

Chapter 9

那么，让我们享受冒险吧！

9-1 投资联结保险以外的方法

◆ 投资联结保险是明智的选择

“不依靠预测，不花费工夫，想要成功进行投资应该怎么办呢？”

我们一起找到了这个问题的答案，终于看到“即兴投资法”这个策略。即使是在金融危机中，竹岛先生还是可以冷静地持续投资。他只是投资方面的初学者。他可以做的事情，你也可以做。

我们总是不能准确预测将来会发生什么事情，但是，“即兴投资法”在金融危机最严重的时候，也可以充分发挥自己的作用。虽然还不能最后下定论，但是如果能经受住这次金融危机，那将来也可以说是有效的。

金融危机发生以后，有很多人站出来说：“这次危机，我之前就预想到了。”也许是真的预测到了。那根据这个预测，采取了什么行动吗？给了客人什么建议吗？我真的很想知道。但是，据我所知现阶段还没有看到，也没有听说有什么行动（真是不可思议）。

本书中介绍的方法都是在金融危机中实际运用过的。如果有人说“有什么证据”？我会很乐意给他看证据。而且实际操作的并不是投资专家，而是初学者，他们没有在手续上花费很多时间，就灵活应对了价值下跌。

如果只是购买了股票和基金的话，根本无法这样安心。这是这次金融危机中很多人切身体会到的。股票和基金中，价值的变动会直接反映在运行业绩中。就像“生”的食物一样，虽然新鲜，但是很容易吃坏肚子。投资联结保险，就像是用人寿保险加工了基金，得到“加工食品”一样，可以将价值变动影响的冲击变弱。

指数基金和 ETF 这些花费较低的商品是“即兴投资法”中不可或缺的道具。像第 7 章第 1 节中指出的那样，如果不是在计划中使用，就会像股票一样会受到心理因素的影响。要在投资联结保险的计划中灵活使用，充分发挥指数基金和ETF的力量（请参照第39页图3-1）。

如果想一边降低失败的可能性，一边得到运行的成果，投资联结保险是一个明智的选择。考虑投资联结保险的功能，它的花费也是合理的。我认为投资联结保险是进行投资时最先要纳入考虑范围的金融产品。

◆ 作为候补的“变额年金”

但是投资联结保险也不是万能的方法，它从本质上讲是人寿保险。根据健康状况不同，有时也会被拒绝加入。那时就需要考虑第二候补方法。

作为候补的是“变额年金”。请将投资联结保险作为除去保险要素的产品来考虑。变额年金和投资联结保险不同，几乎没有了死亡保险的要素，即使有也很有限。变额年金在大部分方面可以和投资联结保险一样进行利用。合同期较长，资产的组合也可以自由进行。

[注：变额年金有两种，一种是只要在一定期间内不解除合同，即使运用成果低迷，也可以有一定金额的保证，这种类型被称为“保障型”；还有一种是没有保障，但是可以自由变更基金的“基本型”。本书中推荐的类型是“基本型的变额年金”。保证型年金，因为费用较高，而且在变更基金方面有限制，所以不能用于“即兴投资法”。]

资产价值下跌造成运行恶化的时候，如果是投资联结保险，就可以往好处想“这是保险啊”，如果是变额年金就不能期望有保证。这是它的一个缺点。变额年金是“叫做年金的基金”，所以和基金一样也会受到价值变动的影响。

当然也不都是缺点。因为变额年金中死亡保障的要素很有限，所以保障这方面的花费比较小。如果以同样的金额进行投资，取得同样的运行业绩的话，变额年金比投资联结保险领取的金额要大。从金额这方面看，变额年金是比较有利的。

虽说不能忽视金额这方面的优点，但是从“即兴投资法”的观点来看，变额年金稍显能力不足。变额年金，签合同的时候决定年金的领取时间（例如可以说要从65岁开始领取），但是一旦开始领取年金，就不可以在中途停止。虽然在很难看清市场行情的时候，不想兑现而希望继续进行投资，可惜变额年金并不提供这个选择。

“即兴投资法”的理念是选择越多越好，从这一点来看还是推荐投资联结保险。变额年金可以在因为健康问题无法加入投资联结保险时，或者已经充分拥有确保了死亡保障的时候再考虑。

当然即使是变额年金，也有公司会对健康状态进行简单的确认，大病的时候也可能无法加入变额年金。那时就考虑充分利用指数基金和ETF吧。在此情况下像竹岛先生一样一点一点的变更资产的组合。不太现实，因为太费工夫了。

此时就要使用下面的方法了。投资400万日元（约32万元人民币）时，对应“日本股票”、“日本债券”、“外国股票”、“外国债券”四个资产板块，预计各购买100万日元（约8万元人民币）的指数基金（ETF）。

股票部分（日本股票+外国股票），利用每月积累的制度，一点点买入指数基金。日本股票和外国股票分别每月购买2万日元（约1600元人民币），50个月（4年2个月）后就会花完预计的费用。然后一边借用美元成本平均法的力量，一边一点点增加股票的比例，提高风险性。

至于日本债券，没有那么多可以选择。购买面向个人发售的国债是其中一个方法。面向个人的国债分为固定利息的5年期和变动利息的10年期两种，但是从长期投资考虑，变动利息的比较适合。关于外国债券，如果在意汇兑风险，那就和股票一样一点点购买。如果不想搞得太繁琐，就错开时间分3-4次购买指数基金。这种情况下，要在日元汇价高时买入，但是注意不要一次性购买。

◆ 下一步

如果掌握了获得“一般奖励”的方法，就可以将通过投资主动基金和个别企业的股票获得的“特殊奖励”作为目标。

但是，提高成果并没有那么容易。如果仅仅是对杂志和网上的信息囫囵吞枣地接受，或者是直接购买个人推荐的东西，几乎是不可能成功的。紧跟过去经验的做法就另当别论了。

坚信要投资的企业会在社会上起作用，或者对基金的运行方针感到共鸣。因为购买之后肯定会有价值的变动，重要的是即使价值有大的波动意志也不会被动摇。因为不能以计划进行应对，所以如果不够坚定的话，就尽量忍着不要去想得到“特殊奖励”吧。

9-2 选择适合自己的老师

◆ 投资联结保险不是答案

如果持续进行投资，就会发现无法预料的事情会接二连三发生。但是不管怎样困难都不能破釜沉舟、走独木桥。所以我们需要学习有多种选择的“即兴投资法”的思考方法和最适合实施投资的产品——投资联结保险。

一加入投资联结保险，你可能就按捺不住想尽早开始资产的运作。我很理解那种心情，但是请再等一会，听完我的话再开始也不迟。

之前通过“青鸟”的例子，已经跟大家说了“不要向外面寻求问题的答案”。根据是否有前途和过去的运行实际成绩重复购买股票和基金，也不一定能成功。成功的钥匙在自己手中，感受自己的情绪，让自己成长是投资的钥匙。

所以我不想大家单纯地认为“要想投资成功，只要购买投资联结保险就好了”（我想你将此书读到现在应该也不会有这样的想法）。投资联结保险仅仅是个开始。其他产品也一样，使用方法不同结果也会有很大的差异。投资联结保险也是根据投资安排的方法不同，结果会有很大变化。那么，怎样培养投资联结保险这种产品好呢？我们应该怎样同投资连联保险一起成长呢？

人类成长所必须的东西是什么呢？想想你自身的情况。是什么契机让你有了现在的思考方法呢？

我想你会想起很多场景，而且那些场景中也许和很多“人”有关系。那可能是你的父母，也可能是关照过你的老师，也许还可能是电影中的人物和书的作者。人都是一边看着别人的生活一边成长的。我们成长需要“导师”。

投资也需要导师。竹岛先生也不是一开始就理解了“即兴投资法”的全部内容，如何应对价值下跌，虽说在脑中已经充分地理解了，但是实际发生时又不知道该怎么办了。于是那时他就来请教我这个导师了。

开始的时候，竹岛先生不能完全理解“即兴投资法”。我自己也是经过很多年才摸索到“即兴投资法”这个想法。竹岛先生掌握这个方法必定需要一定的时间。我作为导师一直看着他的成长，而通过这次金融危机，竹岛先生的水平有了很大的提高。相信他会通过实践不断成长。

不仅是投资联结保险，只要是购买特定的金融产品，投资就绝不可能一直一帆风顺。只有选择适合“即兴投资法”的灵活性高的金融产品，另外还要有帮助你成长的导师配合，才能将投资顺利进行下去。开始投资的时候，很容易过度自信地认为“只有自己可以顺利进行”，但是开始新事物的时候谦虚是很重要的。所以我认为必须要有一位导师来指导。

◆ 导师的选择方法

那么应该怎样寻找导师呢？现在提倡“即兴投资法”的应该只有我吧，所以什么样的人适合当导师，说实话我真的不知道。

虽然这么说，实际进行投资的时候，确实是需要一位可以商量的人。我也希望有越来越多的人适合做导师。那么带着对未来的期望，介绍一下我认为导师所需要的条件吧。

具有投资和保险两方面的知识

具有财务策划顾问（FP）资格的人对投资和保险都有一定的知识。但是 FP 通常将投资和保险看做是两种东西，所以很难到达“即兴投资法”的思考方式。这里所要求的是把投资和保险看做一个整体的人。即使是面临金融危机也可以给客人具体行动的建议，这样的人才可以信任（但是例子很少）。

可以保持长久的关系

导师要长久的交往。如果每三年负责的人就换一次，那就令人困扰了。从这个层面上讲，几乎所有的金融机构和保险代理店的负责人都不合格。这些人都是上班族，所以不会在一个地方待很久。签订合同前也许努力为你考虑，但那都是因为和自己的业绩挂钩。一旦合同签订，就很难期待后续的服务了。

很难找到真正可以信赖的人。虽然只是这么感觉，但我认为如果可以找到一个导师，那投资应该有 90% 以上的成功率。找到一个导师就已经很难了，要找一个“好的”，就难上加难。一旦找到，就要把这种关系稳定下来，这对你是很有好处的。

在我们上年纪以后也能关照我们

“即兴投资法”是要持续实践一生的方法，所以希望有一个可以长期关照我们的导师。当然人都是有寿命限制的，但是尽量找一个可以长期保持关系的人比较理想。随着年龄的增长，开始需要找人商量该怎样处理资产，那时就已经晚了。找一个可以一直信赖的就好了。这样的话，有退休和跳槽可能性的上班族就不太符合了。

这样考虑的话，有可能成为导师的应该是独立的个人，是对我们负责的人。虽然第一候选还是 FP，但如果是真正可以信赖的人的话，就不需要去看他是否具有资质。

然后一定要给导师支付合适的报酬。要想得到高质量的建议，这也是理所当然的事情。像学习技艺每个月支付学费那样，每个月的报酬是你的教育费，是为了你自己。

通过支付报酬，你也可以提一些高的要求。当然你要握有主导权。如果不能符合自己的要求，那就去找新的导师吧。

并不只是投资，整个人生中“选择导师”也是一项重要的课题。如果找到适合你自己的导师，那把本书中的内容忘记也可以。只要全部拜托给你的导师就可以了。

但是现在社会中并不能完全把自己托付出去。有很多人虽然嘴上说着“这是为你好”，但实际上是为了追求自己的利益。当然追求利益也不是什么坏事，但仅仅靠美好的心愿来构建人际关系只能是个幻想。

如果只是为一方考虑，是不够的。只有基于相互信任的关系，导师和弟子两方一起成长才是最理想的关系。我的心愿就是，通过信任结成的关系会成为世间的主流，而这种信赖亦可以在金融世界中实现。

9-3 合上书，接下来要做什么呢?

◆ 哈，这次轮到你了

本书的一大主题是“人的感情”。投资正是在试炼我们的感情。一旦开始投资，平时悄然无声的“心”就会跳到舞台上。本书就是针对感情因素什么时候会显现出来，应对这些感情应该采取什么样的行动，给大家介绍一些谁都能做到的方法。

“即兴投资法”的思考方法也可以用来应对金融危机。即使运行不顺利，也可以当做人寿保险来使用，所以不会因为失败而遭受很大的打击。没有不去实践的理由。现在，你正站在一个分岔路口。那合上这本书，接下来你会做什么呢？是一边想着“确实是这样啊，什么时候我也试试吧”，还是把书放到书橱里，维持现状呢？像本书中提到的那样，人类总是会有“喜欢保持现状的感情”。人总是不想从现在的地方移动，所以对挑战未知事物总是很犹豫不决。

但是如果现在不行动，那你接触新世界的机会就会被剥夺了。你就会把视线从谁都可以得到的“一般奖励”移开，天天在抱怨“年金制度是不是要改革一下啊”、“不景气也要想想办法吧”中活下去。当然那也是一种道路，也应该尊重，但是我可没有时间听你抱怨，请原谅。

“好的，先迈出第一步吧。”这样想着，然后访问我的主页，就还有希望（当然其他行动也可以）。这是冒险的开始，最开始的时候，做的事情有多么微不足道都没关系。在主页索取资料、申请加入研究课程、索取投资联结保险的资料，做什么都可以。

如果只是等待，那永远也不会开始冒险。即使冒险的入口就在那里，也必须要由自己决定然后踏进入口。踏入第一步，将会有一个新的世界在等着你。让我们跨过卢比孔河（卢比孔河是凯撒决定要和庞贝决战时渡过的河流。渡过卢比孔河有“拿出勇气走向不能再回头的路”的意思吧）。首先要做的是审视你的人寿保险，请参照第8章中介绍的三个人的事例，这三个事例并不特殊。

开始投资之后，可能会发生一些麻烦的事情。但是我们依旧有很多选择。不管发生什么，都可以应对，你不觉得这是件让人高兴的事吗？这和体育运动时那种心“扑通扑通”跳的感觉相似。如果知道结果，体育运动也就没什么意思了，正因为不知道结果所以才有意思。人生也一样。让我们享受这种不知道什么会发生的感觉吧。没什么可担心的。因为我们做好了任何情况下都可以灵活应对的准备。

人生就是充满各种可能的宝库。等待与新的人、新的场所、新的思考方法、新的东西的邂逅。没必要只考虑坏的方面，乐观的态度让世界发展。正是有人冒着风险开始新的挑战，才有现在的世界，才有我们。不断地挑战，面向未来不断扩展自己的可能性，这是人生的奥妙。管它什么金融危机呢！

本书中将人生比喻成舞台。舞台的高潮，既有幸福的结局也会有悲伤的结尾，但是，我们的人生只会有幸福的结局。采取“即兴投资法”，那就可以在想用钱的时候用钱，也就是说，再也不用担心钱的问题了。这才是我们追求的幸福的结局。

人生只有一次。只要觉得对，就一定要尝试一次。即使一时看起来是失败的，也不需要担心。我们把行动划分为一个个小的单位，所以完全可以挽回失败的损失。不要再畏首畏尾了，主导权在你的手中，你已经不再被周围的环境所左右。即使股票价格暴跌，你也可以“呵呵”笑着进行应对了。你，是开辟自己道路的冒险家。

让我们享受冒险吧。祝愿你在投资的支持下，可以无忧无虑地专注于自己喜欢的事情。

术语解析

※1　理财规划师（FP）(见第 3 页）

像家庭收支情况的保健医生一样。从广义来说，就是提出有关家庭收支的建议，让客户的梦想实现。有从属于金融机构的 FP，也有独立活动的 FP。在日本绝大多数 FP 从属于金融机构进行活动。

※2　TOPIX（东证股价指数）(见第 4 页）

以东京证券交易所市场第一部上市的所有股票为对象（截至 2009 年 6 月约有 1700 家)，计算并公布的股票价格指数。因为是所有股票的当前市价总额加权平均后指数化得到的数值，所以容易受到当前市价总额大的企业股票的影响。

※3　基金　(见第 6 页）

从投资者手中筹集资金交给专业人士运行，运行的收益按照投资者的投资额进行分配。满足了没有大数额的资金却又想进行投资的人的需要。按照投资对象，可以分为“股票基金”、“房地产基金”等等。

※4　基金分红（见第 6 页）

基金按照一定时间进行结算，到达可能分配的数额就支付分红（不支付也可以)。结算区间根据不同的基金，有一个月、三个月、一年等种类。每月分配型基金就是指结算区间为一个月的基金。

※5　债券（见第 8 页）

国家、地方公共团体、企业、金融机构等向广泛投资者筹集资金，作为抵押发行的按一定比率支付利益并偿还本金的债权债务凭证。国债就是国家发行的债券。

※6　养老基金（见第 8 页）

根据运行业绩，养老金不断变动的个人养老保险基金。作为人寿保险的一种，由人寿保险公司管理，但在银行、证券公司的窗口也进行售卖。实际上就是养老基金。养老基金除了“保障型”之外，还有不设保障的类型。本书中，将不设保障的类型称为“基本型养老基金”。

※7　继续持有与斩断损失（第 15 页）

购买的股票等资产价格下跌时的应对方法。继续持有，是指因为不想确定损失，继续持有股票的行为。斩断损失，是指为了避免进一步下跌，售出股票确定损失的行动。虽然投资中强调斩断损失的重要性，但实际运用却很难，继续持有则比较容易。

※8　MSCI-kokusai（见第 37 页）

MSCI 公司（摩根士丹利资本国际公司 Morgan Stanley Capital International）独立计算出的股价指数。以除日本外 23 个发达国家的主要股票为对象，是对外国股票进行运用的日本相关投资者、基金机构的参考基准。

※9　外汇交易（见第 39 页）

Foreign Exchange 的简称。是指预先支付一定的保证金，采用差额决算的方式，进行美元、欧元等外国货币的交易。它的特点是：卖出外币后一段时间内可以再买入，利用杠杆效应，可以进行高于保证金几倍的外币交易。

※10　行为经济学（见第 50 页）

在“人类不一定进行合理的行动”这一前提下，主要解决人类实际上是怎样行动的，为什么这样行动，这种行动又会产生什么结果等问题的经济学说。2002 年行为经济学最大的贡献者是普林斯顿大学的达尼尔・卡勒曼（Daniel Kahneman）教授，他曾获得诺贝尔经济学奖（参考书目：友野纪夫《行为经济学》光文社新书）。

※11　衍生工具（见第 50 页）

从货币、债券（利息）、股票等资产的交易中派生出来的交易。主要的交易有期货交易、期权交易、互换交易等。

※12 日经平均股价（见第 61 页）

在东京证券交易所内上市的股票中，将具有代表性的 255 家公司的股票价格进行平均，在保持连续性的同时，通过不断修正得出的股价指数。这一指数容易受到股价较高的股票的影响。

※13 花旗集团日本国债指数与花旗集团世界国债指数（除日本）（见第 62 页）

联合花旗集团全球市场的机构共同开发的债券指数。

※14 购买手续费与信托报酬（见第 63 页）

购买手续费是由基准价格（基金的价格）乘以一定的比率计算出的。也有不需要手续费的情况。信托报酬是指作为运行用、管理资金的代价的手续费，它按照纯资产总额的一定比例，每天从资产中扣除、收取。

※15 保险费用（第 114 页）

是指签订合同的人为加入保险所支付给保险公司的报酬，也就是所谓的“缴纳金”。由为将来支付保险金的纯保险费用（成本部分）和保险公司为维持管理保险工作所必须的经费的附加保险费用（毛利部分）两部分构成。

※16 保险金（第 114 页）

在人寿保险中，被保险人（加入保险的人）满足一定条件的时候，保险公司就会基于合同支付给其一部分钱，这部分钱被称为保险金，有死亡保险金和满期保险金等。容易和保险费用混淆，请注意。

※17 信贷评级（第 124 页）

作为独立第三方的信贷评级公司，将有关保险公司的保险金的支付准确性用字母和数字等表示出来。信贷评级公司不同（即使是同一个保险公司），有时候信贷评级也会有不同。

※18 偿付能力比率(第 124 页)

人寿保险公司为将来要支付的保险金等做有准备并有一定的积存的钱,所以可以应对一般预想范围内的风险;但是,经常也会有一些大的灾害和股价暴跌等意想不到的情况发生。是否具有应对超出预测范围的风险的支付能力,有一个指标就是偿付能力比率,一般这个值只要在 200%以上就基本认为稳定健全。

※19 递减定期保险(第 137 页)

这是一种从合同签订初期开始,保险金不断减少的定期保险。定期保险从合同签订开始保险金额不再发生变化,所以称为"平准定期保险"。

※20 变换和转换(第 139 页)

变换是一种只要满足一定条件就可以不必确认健康状态,将保险金的全部或者一部分变更为终身保险或者投资联结保险等的制度。变换是"保险的重做"。转换是将积攒的金额(责任准备金和积累红利金等)凑到一起作为新的保险合同的定金使用的方法。转换是"保险的以旧换新"。加入新的保险,需要确认健康状态。

结束语

体味随心所欲

“山口先生！”

突然听到身后有人喊我，停下自行车回头一看，一个穿衬衣的年轻人站在那里。一时想不起是谁，但马上就回忆起来了，那是我在中学做篮球教练的时候教过的孩子药师寺。只见过穿运动服的他，所以问他：“穿成这样干什么？”他回答说：“找工作啊。”他已经大学三年级了，看到他，我才意识到原来我也上年纪了啊。

药师寺学习很好，但是不太擅长运动，比赛的时候也不是开场队员。但是我总是尽量让所有的队员都参加比赛，所以他好像一直开心地继续打篮球。现在我还记得最后正式比赛的时候，他投入了两个决定性的进球。他在场上快速跑动，从左边卫快攻上篮得分。

我是一个热爱篮球的人，所以做教练的目标就是“让孩子们都喜欢上篮球”。自己喜欢的东西被别人讨厌总会觉得难过，所以我一直努力想让他们无一例外地都喜欢上篮球。当然我也有心理准备不可能让所有的队员都喜欢，但是我认为体育运动不是给某一部分人的活动，所有人都应该有享受体育运动的机会。

体育运动和胜负不能分开，胜负是体育运动乐趣不可或缺的重要因素。胜利的人受到赞赏，失败的人被人遗忘。要说为了失败而进行体育运动总归有点奇怪，所有的选手都想取得胜利，但是胜负只是体育运动一个方面罢了，如果说不胜利就没有意义的话，那要是成为不了日本第一或者世界第一是不是也就失去了存在的意义了呢。

对于体育运动来说，胜负就是“下酒菜”。虽然失去胜负，运动情绪就高涨不起来，但是真正值得享受的还是体育运动本身。从结果上看，要分为胜者和败者，但是不论胜负，所有的人都是光荣的。

也不是说不要在意于胜负，胜败还是要重视的。即使是在中学生的比赛中，在最后 2 秒的时候依然不会放弃，教练依旧会下相应的指示。因为这是对篮球的尊重，是最基本的礼仪。如果不去追求胜利，那就是在轻视篮球。正因为认为篮球是尊贵的东西，所以追求胜利是基本的礼仪；但在比赛结束后，就要把胜负抛到脑后，重要的是“有没有充分利用脑力和体力，全力以赴”。越是努力就越会超越胜负，好好享受体育运动本身吧。

看见长大了的药师寺，我觉得自己做的都没有错。因为如果他讨厌篮球的话，应该不会跟以前严厉训人的教练打招呼吧。这下，我放心了。

想让所有人都享受其中的乐趣

不管是做篮球教练的时候，还是工作的时候，或者是写书的时候，我的心情都没有改变。我认为并不需要什么特别的经验和才能，只要用正确的方法去努力就一定会出成果，而结果出来的时候也会感到高兴。这就是本书想要传达的内容。

我们的生活中，金钱占了很大的比重。坐电车的时候听周围的人谈话，7–8成的人聊的都跟钱有关系。既然这么重要，特别是关于投资的问题，我们是不是更努力一点比较好呢？因为通过努力才能发现它的乐趣所在。

但是即使认真努力，如果前进的方向错了，那永远也不会取得成果了。有很多选手拼命地练习篮球，但怎么也打不好。这就是因为他的练习方向不对。看到那样的选手总觉得很可惜，感到“和我一起练习一定会变得有意思，明明有机会成功，他们却错过了”。

关于投资我有很多想法。虽说我也经常看到一些不太靠谱的内容，但是有些确实可以作为参考。只是到现在为止，我还未发现能保证所有人都成功的方法，真是很遗憾。有人主张说只要利用指数基金和ETF进行长期分散投资，不管是谁都可以做到，但实际上连“一般奖励”都得不到，这一点在这次金融危机中体现得很明确了。为什么不顺利，那是因为忽视了“感情”因素的影响。仅仅是改变手段，而没有解决“感情”这个根本问题，所以以后还会遇上同样的问题。

要想进行投资取得一定的成果，就需要正确理解“感情”和“行动”。认真地面对自己的心吧，那样就不会受到别人的摆弄，可以体味属于自己的乐趣。所有的人都有享受投资的机会。

我作为财务策划顾问（FP），主要做投资和人寿保险相关的工作。投资和人寿保险有着很有意思的共通点，两者都有引起公众注意的特别事例。当日冲销（Day Trader）投资股票赚了大钱这篇报道就受到人们的广泛关注。还有在一家顶梁柱去世之后的危机时刻，因人寿保险而家人得到救助的事例。

我承认这都是事实。但是，这并不适用于所有人，并不是谁都能通过股票赚大钱。虽然是有人英年早逝，但这种几率并不高。用特殊的例子来套用所有的场合，我对这种方法表示疑惑（这种想法，在行动经济学上被戏称为“少数法则”）。

相信自己是一个特别的存在

谁都会有这种想法，这种心情也应该受到尊重，但是因为这样而去利用这种心情，将发生概率很低的事情让人产生错觉，认为适合每个人，我认为不是什么好事情。如果有人说“所有棒球选手都能成为铃木一郎”，那肯定是在说谎。

不能成为铃木一郎的人也并不是不幸。周末，我早起去散步的时候经常会和一些骑着自行车的棒球少年擦肩而过，他们的眼睛闪耀着光芒。我想这些少年成为专业棒球选手的机会其实并不大，但即使这样，他们还能享受棒球这项运动，我认为他们是幸福的。如果我能在附近的公园从早晨 5 点开始一个人练习投球，那该是多么幸福啊（可能有点奇怪）！

这样的我，有一个梦想：所有人都可以和金钱愉快相处。想让大家即使挣不到 1 亿日元（约 800 万元人民币），也可以安心自由地使用金钱。想让一直支付人寿保险缴纳金的人即使没有得到保险金，也不会因此而难过。我一直在寻找传达这种理念的方法。

约翰·列侬在《想象》（《Imagine》）中歌唱自己是一个梦想家，我想我也是一个梦想家。没有想到，在这次金融危机，我感到自己的方法被证明为大家提供了安全感。写此书时，我总在考虑我是否在给大家介绍一个只要想做，就可以享受于其中的方法呢？

我经常对女儿说：“真正的富有是知道如何创造专属于自己的乐趣。”

人生的大部分都耗费在消费上。衣服，即优衣库；书，即亚马逊；音乐，即 iPod，还有兜风、看电影、旅游。消费是件很愉快的事情，但是那多半是在接受别人制造的东西和别人创造的想法而已。更高一层的乐趣是由自己创造的。恋爱的时候心扑通扑通地直跳，但那也不是谁在命令你“快点喜欢我”吧，和自己选择的人交往，创造新的关系，所以才特别有意思。

我母亲今年 73 岁了。3 年前父亲去世的时候，我推荐她去写博客。在最开始的时候，母亲连电脑都不太会用，总是找这样那样的借口不去做。我就不停地哄着她，终于开始并持续地写起来，现在要是有一天没写，她就会坐立不安。

体味到自己写博客乐趣的母亲，每天都要收集各种各样的信息，还用数码相机照相。最近写的文章也比以前长了，而且有了很大的进步。一旦体会到创造的乐趣，就谁也阻止不了啦，即使说“不许做了”，估计她也不会停下来吧。

“即兴投资法”中就存在“创造的乐趣”。对于十分重要的金钱，你可以创造自己特有的故事，这是一件愉快的事情。当然也许有时候偶尔会有“哎呀，失败了”的想法，但是那时候肯定会找到好的解决方法，你信赖的导师也会帮助你。如果你能体味到自己创造故事的乐趣，那你会渐渐看见，你的面前展开了一个新的世界。这才是最精彩、炫丽的生活。

通过写这本书我自己也体味到了富有的生活方式。当然这光凭我一个人的能力做不到的，在此我想对一直关照我的人们表示感谢。

致全国的客人，大家的实践成为本书有力的支持，今后也一起继续享受这种快乐吧，特别是金泽敏胜、荷出浩二、川村直美，一直以来承蒙你们的照顾，以后也请多多指教。

帕特里克·里昂，谢谢你。在我摸索“即兴投资法”时，你教给我的篮球思考法起到了很大的作用。虽然平时对你说话都不客气，但其实在心里一直十分感谢你。

后藤克弘（7–11 股份有限公司的董事）和藤堂正健（钻石出版社编辑），正是靠您们两位，本书才得以出版。谢谢！

3M 的各位（阳子、宫下祯纯、宫原久美）感谢你们一直耐心地听我漫无边际的讲话。让我们的友谊地久天长吧，再一起去喝酒啊。心理学方面的建议，还多亏了菊岛胜也教授（日本大学文理学部心理学科副教授）。从做家教的学生那里也学习到一些东西，我真是幸运。

致每天精力充沛写博客的母亲山口十久子。实在佩服妈妈您年纪越大越精神的样子，今后也要和朋友一起度过快乐的时光，在博客上写好多东西噢。妻子礼子和女儿小舞，这次也给了我莫大的支持，谢谢你们。我爱你们（留下这句名言的我的心灵导师、歌手忌野清志郎在 2009 年 5 月 2 日去世了，愿您在天堂里幸福）。

致负责编集的钻石公司的音和省一郎先生和内田智子女士。很幸运能和音和先生相遇，多亏你我才能愉快地写完这本书。还有内田女士为我想出来的书名，稍稍有点过火，我却非常中意。

最后我要感谢读到这里的读者。在投资中，没有适合所有人的正确答案。我的愿望是您能开拓自己的道路，享受随心所欲的生活。

山口哲生

图书在版编目（CIP）数据
不要再存钱啦！/（日）山口哲生 著；宋上，王璇 译．
—上海：上海人民美术出版社，2013.7
ISBN 978-7-5322-8384-2

Ⅰ．①不… Ⅱ．①山… ②宋… ③王… Ⅲ．①私人投资－基本知识 Ⅳ．①F830.59

中国版本图书馆 CIP 数据核字（2013）第 058687 号

合同登记号：图字：09-2011-220 号

不要再存钱啦！

著者：[日] 山口哲生
译者：宋 上 王 璇
策划：海派文化
责任编辑：杜昀初 孙铭
助理编辑：赵 甜
封面设计：马思赜
插图设计：何康海
版式设计：朱庆荧
技术编辑：尹 尧
出版发行：上海动画大王文化传媒有限公司
上海人民美術出版社
地址：上海长乐路 672 弄 33 号 邮编：200040
印刷：上海丽佳制版印刷有限公司
开本：889mm × 1194mm 1/32 5.5 印张
版次：2013 年 7 月第 1 版
印次：2013 年 7 月第 1 次
书号：ISBN 978-7-5322-8384-2
定 价：25.00 元